Down the Fairway

ダウン・ザ・フェアウェイ

Bobby Jones

CHOICE 選書

ダウン・ザ・フェアウェイ

わずか二十五歳というような年齢で、その自叙伝が世間の関心を惹《ひ》くなどという人物は、おそらく一千万人にひとりでしかない。その点でボビー・ジョーンズは、まさしく一千万人にひとりというべきである。彼の年齢は、スポーツの分野においてさえまだ若いと思えるが、ボビーの場合はいわば超少年であって、十四歳にしてすでに多くのチャンピオンたちと対戦し、打倒し、ほとんど老練の域に達していたのだ。あらゆるスポーツの歴史の上でも、こうした例は見られたことがない。二十五歳でボビー・ジョーンズは、十三年にわたる競技歴を有しているのみならず、その年齢でゴルフ界のめぼしい選手権を掌中にして、六十歳まで競技生活をつづけてもごくわずかの人間が達成できるかどうかという偉業を実現しているのである。

ボビー・ジョーンズは、ゴルフ界における最高のショット・メーカーのひとりであると呼ぶ以上の、一種特別な存在である。瞠目すべきその技術の背後には素晴らしい人柄と、強力な磁石と、不退転の勇気と、高い知性とを秘めている。あらゆる競技に際して彼は理想的なスポーツマンであり、つねにルールの条文に忠実であるばかりではなく、ゴルフの精神そのものに忠実であろうとしてきた。競技生活に入ったときから高い理想をみずからに課し、以来、その理想にいたる道からわずかたりとも踏みはずしたこともない。彼の競争相手がかつてジョーンズについて述べた言葉こそ、彼の生き方への美しい讃辞であろう――「ボビーの最大の弱点は、相手がうまくいかないときに、あまりに敵を励ましたり、鼓舞したりする彼の態度にあるんだ」

ゴルフにおける彼の記録は、めざましいものがある。二十五歳にして、プロフェッショナル、アマチュアの名手たちを相手に、全米オープンを二度にわたって勝った。全英オープンで優勝し、全米アマチュア選手権も二度制覇しているのである。しかも過去五年、全米オープンにおいて強豪たちを敵に回しながら、三位以下に落ちたことがない。これまでにも絶頂期に輝かしいプレーを見せたゴルファーは、かなりいた。が、ゴルフというこの非常に不確かなゲームで、安定性・持続性と輝かしいプレーとが結びつくことはめったになかったのである。多くの人が求めながら果たせないこの結びつきを、ボビー・ジョーンズだけは発見する方法を与えられているらしい。ボビー・ジョーンズのこれまでの競技歴は、あらゆるスポーツの中でもとりわけ興味深いものであり、またもっとも稀有な例だともいえよう。ボビー・ジョーンズはたいへんな文章家であるが、その上なお幸運にも、彼のほとんどのプレーを目にしてきた優秀なゴルフ・ジャーナリスト、O・B・キーラーの協力を得られることとなった。

ボビー・ジョーンズの物語は、フィクションよりも劇的ではるかに興趣に富み、この現代的なゲームの中でのみ歌われる青春の頌歌《しょうか》なのである。

グラントランド・ライス

一九二七年六月二十一日

もくじ

Photo / Getty, Aflo

装丁／副田高行

第一章

幼年期

これまでわたしの頭の中では、自叙伝とか回想録とかいうものは、何とはなしにすでに故人となった人物、そうでなければすくなくとも老境に入った人びとと結びついている言葉だった。そのため、つい先ごろ、半生記をまとめてみないかという提案を受けたときも、なかなかその気になれなかった。

なにしろわたしは、一九二七年の聖パトリック記念日にやっと二十五歳になったばかりで、決して回想録を書くほどの年ではない。しかもゴルフというスポーツは、ジョージ・ローも指摘しているように謙虚であるべきものだし、さらにつけくわえるなら、年とともに熟成を重ねていくゲームなのである。もっとも、わたしがいうのはトーナメント・ゴルフのことだが。

思うに、ゴルフには二種類――ゴルフとトーナメント・ゴルフがあって、このふたつは決して同じではない。その事実に気づくまでにずいぶん長い歳月がかかったし、いくつもの試合を失いもした。……そう、わたしは多くの試合に出場してきた。大試合だけを数えてみても、二十一回ものナショナル・チャンピオンシップがある。それに、百回を超えるトーナメントやエキシビション・マッチ、その他の小さなコンペティションだ。十年の間に二十一回のナショナル・チャンピオンシップといえば、いかにも数多いように思える。まして、そのうちの五試合にしか勝てなかった身にとってみれば、なおのことその思いは強いのである。とはいうものの、振り返って十年という歳月は、やはり長い。

一九一六年、フィラデルフィア近郊にあるメリオン・クリケット・クラブ――もっともみごとなゴルフ・コースのひとつとしては妙な名前である――で開催された全米アマチュア選手権に、わたしは十四歳にして初めて参加したのだったが、予選の第1ラウンドを終えたところで自分がトップに立っていると知って、空恐ろしさに全身が硬直してしまったことを覚えている。おかげで、午後のラウンドでは大叩きをする破目になってしまった……。十年前、はるか遠いことである。が、半生記ということであるならば、それよりさらに以前――思い出せる限りの昔、チャンピオンはおろか、ゴルフをやることになろうとは予想もつかなかった時代にまでさかのぼってみるべきかもしれない。

写真でみると、わたしはとても格好の悪い子供だったようである。頭が異様に大きく、体は痩せ、脚は細くてひざだけが出っぱって目立っていた。おまけに内臓が弱いせいで、両親や六、七人もの医者をいつもはらはらさせていたらしい。父の話によれば、五歳になるまで人並みの食べ物をまったく食べられなかったそうだが、自分ではまったく覚えていない。よほどの虚弱児童であったらしいことは、アトランタのウィロー通りに住んでいる間、誰とも遊んだ記憶がない点からもわかる。遊び友だちといえば、わが家のコック兼乳母であったおデブのカミラと、彼女よりももっと太っちょでもっと色の黒い弟と、カミラのボーイフレンドだけだった。カミラの弟が家に遊びにくると、彼はわたしが三輪車を乗り回している間ずっと裏のベランダに腰かけて、カミラのボーイフレンドをどういう仇名で呼んでからかえばいいかを、いろいろ教えてくれた。ときどきは、カミラに連れられて彼女の家にも行った。

あるとき、彼女の家のベランダで引っくりかえり、ゴミ罐の中へ頭から落っこちたことがあるのを思い出す。幸いにも、記憶というのは必ずしも出来事のすべてにわたっているわけではない。ゴミ罐からどうやって這い出したのかを、わたしは覚えていない。

そのころ、わが家は〝判事《ジャッジ》〟という名の、白と黒の大きなコリーを飼っていた。この〝判事〟が家から抜け出してはよその人の後についていってしまうので、とても苦労させられた。そのたびに、連れもどしに追い駆けていかなければならなかったからである。わたしは氷屋――これがカミラのボーイフレンドである――も好きだった。彼が氷の配達にやってくると、わたしは外へ飛び出して、彼がノコギリで切っている氷塊の下に手を差し出し、落ちてくる氷のオガ屑（そう呼ぶのだと思っていたのだ）を掌に受けて食べたものである。当時、ほかの子と遊んだ記憶はといえば、一度だけ、ロバの絵にピンを刺す遊びをやって、うまいこと鼻の下にピンを刺して首尾よく賞品をもらったことがあるのを覚えているだけである――が、その賞品が何であったか、いまではまったく思い出せない。

五歳のとき、わたしの一家はウエスト・ピーチトリー通りにあるコリント様式のアパートに引っ越した。わたしもかなり健康になりつつあったのだろう、通りの向こう側にある空き地で、毎日野球に明け暮れていたものである。もう野球に夢中だった。ときどき回ってきたアコーデオン弾きのことを、じつに鮮明に覚えている。このアコーデオン弾きはサルを連れていたが、そのサルが野球のボールをいともみごとに捕るので、羨ましくて仕方がなかった。正直なところ、そのサルに変身して捕球の妙技を発揮し、仲間たちを驚かしてやりたいとまで思ったくらいである。

そのころ、わたしはマスクをつけずにキャッチャーをやっていた――道具がなかったこともあるが、危険だと思われているポジションを守るのがむしろ自慢だったのだ。ところが、ある日、ボブ・ラヴネルがボールに向かってあまりに力一杯バットを振り回したために、それがスッポ抜けてわたしの頭の横にぶつかってしまった。直ちにわたしは、ヒーローたることをやめた。以後、ホームベースの後ろには二度と守備についたことがない。

小学校に入学したのは、ちょうどそのころである。ウッドバリーという学校で、女の子ばかりだった――それも、とても大きい女の子ばかりだったと思う。クラスに男の子はたった三人か四人しかいず、そろって小柄で目立たなかった。わたしはいつも、学校では息が詰まりそうな気がしていた。おまけに気管支炎や麻疹にかかったり、次から次へと病気に見舞われていて、ろくろく学校に通えなかった。そうしたある日、父がお前は学校へずっと通いたいのか、それとも学校をやめてボール遊びをやっていたいのかと、わたしに訊いた。どちらが好きか、答えは決まっているではないか。

この時期まで、わたしはゴルフのことなど聞いたこともなかった。わが家にゴルフの伝統はまるでなかったからである。父は大学時代に野球の選手だったが、ゴルフには手を染めたことがない。その野球とても、親から歓迎されてはいなかった。わたしが名前をもらった祖父のロバート・タイア・ジョーンズは、ジョージア州カントンの昔気質の変わらない融通のきかないビジネスマンで、父がジョージア大学を卒業してひと昔前のナショナル・リーグのブルックリン・クラブと入団契約をかわしたとき、それを耳にして烈火の如くに怒ったとか。大リーガーとしての父の歴史は、芽のうちに摘みとられてしまったのである。

祖父は、父の野球の試合を決して見に行こうとはしなかったそうだ。父からそれを聞いたのは一九一八年のことで、わたしがペリー・アデアと組んで[注1]赤十字チャリティ・マッチに出場し、ジミー・スタンディッシュとケネス・エドワードの組と対戦したとき、祖父がアトランタまで試合を見にきてくれたときである。これまでスポーツなどにこれっぽっちも関心を示さなかった祖父が、応援にきてくれるなんて光栄に思わなくてはいけないと父はいったが、祖父はわたしの試合を見にきたのだとはどうしても認めようとしなかった。

昨年（一九二六）の七月、全英オープンに勝ってイギリスから帰国した際、アトランタからの一隊がニューヨークまで出迎えてくれた。メアリー――いまの家内だ――がいて、父がいて、母がいて、祖母がいた。そして、祖父も！　それでも祖父は新聞記者に向かって、たまたま商用でニューヨークに滞在しているところだったと語ったくらいである。

生涯忘れられないだろうと思うのは、一九二三年のインウッドでの全米オープンに出場しているとき、祖父から初めてもらった電報のことだ。「ボールはフェアウェイにキープせよ」とその電報にはあり、つづけて――「それから、すべてのパットを沈めること」……それを読んでわたしは、目頭が熱くなるのを抑えられなかった……ボビー・クルックシャンク[注2]とタイとなり、プレーオフで勝ち、とうとう全米オープンのタイトルを掌中にすることとなった、あのインウッドでのことだ。

母と父とわたしがゴルフを始めたのは、一九〇七年の初夏からである。その夏の間わが家は、ミードア夫人と一緒に郊外の大きい邸を借りて移ったのだったが、その家は、町から5マイルほど離れたアトランタ・アスレチック・クラブのゴルフ場の、当時は2番ホールのフェアウェイだったところから、ちょうどマッシー[注3]でピッチするぐらいのところにあった。その辺り一帯には、いかにも田舎らしいものがたくさんあった——大きな厩舎、庭いっぱいに広がるラズベリー、殺し足りないほどの蛇、釣りが満喫できそうな小川などである。とはいっても、魚は釣りたいとは思っていたが、実際には一度も獲ったことはない。

そこでわたしは、二歳上のフランク・ミードアと一緒に住むことになった。逗留している人の中には若い人たちがいて、そこのゴルフ場でゴルフをしていた。その中のひとりがフルトン・コルヴィルで、わたしに最初のクラブをくれたのだ。自分で使わなくなったクリークを、わたしのサイズに切ってくれたのである。フランクはすでにこの風変わりな新しいゲームをおっかなびっくり始めていたが、コースへは子供を入れてくれなかったから、わたしたちは自分のコースをつくった。それはまったく同じ距離の二ホールで、ひとつのホールをプレーしたら、次のホールをもどってくるわけである。1番ホールは本物のゴルフ場に沿った大通りに向かって突き出た家の正面の道の上であり、もうひとつのホールは100ヤード向こうの、大通りの反対側にある深い溝だった。ときどきフェアウェイ——つまり道が乾燥して硬くなったりすると、わたしたちはティーと定めたところからボールを打って、溝の中まで転がして入れることができた。世間では一九二七年までにわたしが一度もホール・イン・ワンをやったことがないと考えているが、六歳になる前にこのホールで何度も達成していたのである。ただし、このホールは4・25インチの正規の寸法ではない。たいていのゴルファーなら、ホールというよりはハザードと思い違えるであろう。しかし、フランクとわたしにはそれがちょうどふさわしかったし、わたしたちのスコアを大幅に縮めてくれもしたのである……。

生まれて初めてゴルフのボールを打ったとき、痩せて小さいわたしの胸は異様な興奮で慄えた——とでもいいたいところである。が、それでは真実からかけ離れてしまう。本当のところは、初めてボールを打ったときのことをまったく覚えていないのだ。それどころか、どう思い返してみても、そのころやっていたゴルフのゲームは、わたしには大きな印象として残っていないのである。ただ、とんでもないショットをしでかして、2番ホールとは違う別の溝の向こう側にある茨におおわれた橋の下にボールが転がりこんだりしたとき、おもしろがって道で躍りはねたりしたことだけははっきり記憶している。

野球のほうが、わたしはずっと好きだった。ゴルフを——あるいはわたしたちがゴルフと呼んでいた遊びをしていたのは、単に一緒に野球をやる子供たちが近所にいなかったからにすぎない。

そのころ父と母はすでにゴルフを始めていて、イースト・レイクのコースへ熱心に通っていた。クラブのプロはジミー・メイドンで、両親は彼にレッスンを受けていた。

フランクとわたしのことなど誰も眼中になかったし、わたしたちにしたところでゴルフのゲームに強い関心はなく、ゴルフという遊びはよくボールがなくなる一方、捜し出すのが難しいものだというぐらいにしか思っていなかった。それくらいだから、一九〇七年の秋にわが家が市内にもどると、たちまちわたしはまた野球に夢中になったし、冬になると自動車の運転を習いだした。わたしの車はグラスコック・レーサーという名前で、ポンプ式のレバーで運転するやつだった。ブレーキがよくきく車だったから、フルスピードで道の角までつっ走り、母やカミラが悲鳴をあげるのを尻目に、急ブレーキをかけて止まってみせては得意になっていたものである。

翌年の夏、一家はまたイースト・レイクへ行き、そこでとても素晴らしい出来事にめぐりあった。というのも、イースト・レイクに移ってすぐ、クラブ・プロとしてスチュアート・メイドンがやってきたからである。これはわたしのゴルフにとって、たとえようもない幸運だった。さらにいうなら、これまでわたしのゴルファーとしてのキャリアが幸運につつまれてきたのも、すべてはここから始まっているのである。

過去、わたしには、あるゴルフ記者がいみじくもいったように〝低迷の七年〟というような時期があって、自分では運に見放されていると思ったりもしていたのだが、これは思い違いだった。人は叩きのめされたゲームを通じてこそ、学ぶのである。ここではっきりいっておきたいが、わたしは勝った試合から得たものは何ひとつとしてない。ともかくも〝低迷の七年〟が終わるまでの間は……いずれにしても、わがゴルフ人生において、スチュアート・メイドンがスコットランドのカーヌスティからやってきて、イースト・レイクのクラブ・プロになったことほどの幸運はなかった。

その素晴らしい出来事について是非とも書きとめておきたい。ある日の夕方――ちょうど暮れかかるころ、わたしは母に連れられて停車場へ父を迎えに行った。その帰り道、クラブの門の前を通りかかると、スコットランドから着いたばかりのスチュアートが、兄のジミー・メイドンと一緒にいたのだ。

もっとも、そのときすぐスチュアートが強烈な印象を残したわけではない。彼はちょっとしか話さなかったし、それもわたしには一言も理解できなかった。なにしろスコットランドから着いたばかりで、訛《なまり》がひどかったからである。ジミーと両親ばかりが話をしていたから、初めわたしは、スチュアートは話せないのかと思ったほどだ。

それからジミーが去り、スチュアートがクラブ・プロとして後を継いだ。カーヌスティはこれまでに、都合五人のプロをイースト・レイク・クラブに送ってくれている――アレックス・スミス、ジミー・メイドン、スチュアート・メイドン、ウィリー・オッグ、それに最近スチュアートのアシスタントとなったチャーリー・グレイである。[注4]

さて、スチュアートの登場は、自分が初めてゴルフのボールを打ったときのことと同様、目覚ましい事件であったというわけではない。ジミーと同じく、スチュアートも変わりばえのないただのスコットランド人だった。ところが間もなく、わたしはイースト・レイクのコースをラウンドする彼の後について回って、そのプレーを見るようになった。

両親はもうゴルフに夢中になっていて、時おりはわたしがクラブを一本だけ持つという条件で、一緒にラウンドさせてくれた。もちろん、わたしとしては自分のフルセットを使いたかったが、それは許されなかった。そのころには、わたしも短くした母のブラッシー、父からもらったぼろぼろのマッシー、それと使い古したクリークをそろえていたのだ。そのクリークはパターとして使ったり、いろいろなショットにも使っていた宝である。わたしはただボールを打ちながらついて行くだけだったが、ごく稀にはホール・アウトできることもあった。

しかし、スチュアートの後につくときは、クラブは持っていかなかった。ただ見ていただけである。彼のプレーから学ぼうと思ってもいなかったし、彼みたいにプレーしようと考えたこともない。ただ、わたしはゴルフが好きになっていて、彼はもちろんクラブ中で一番うまかったし、そのプレーぶりを見ているだけで楽しかったのだ。彼はわたしなんかにまるで注意も払わなかった。4ホールか5ホールついて歩くと、わたしは彼のプレーから離れて家に帰ることにしていた。

その家はクラブの敷地内にあるコテッジで、オールド・コースの13番ホールのグリーンのすぐ傍《そば》にあったから、わたしは帽子に古いボールを一杯入れて、マッシーとパターを手に13番グリーンへ行き、ピッチ・ショットとパッティングを何度も何度も繰り返した。これがすごくいい練習になったと、いまでも思っている。わたしはピッチが好きだった。そのころ、ピン傍へずいぶんうまく寄せられたと記憶している……近ごろになって、あの長い夏の午後、オールド・コースの13番のグリーンでピンに向ってボールを打ち続けていたことを思い出し、いまあれほど正確にピン傍に寄せられたら、と願ってみたりしているくらいである。

ここ数年、わたしのゴルフは短いピッチ・ショットが最大の弱点なのだ。おそらくそれは、あのころのあれこれ考えずにうまくできた、スチュアート・メイドン式の打ち方を忘れてしまったためであろうか。

それについては、確かなことはいえない。わたしはゴルフの上でフォームのことなど考えたこともないし、ショットはどうしたらいいかも意識したこともない。ただボールを打っていただけのことで、おそらくこれがゴルフにおいて最良の方法なのだろうと思う。すくなくとも、気持ちの上で楽なことは確かである。

ところで一方、わたしは他のことにも気を奪われていた。とりわけテニスと釣りが好きで、湖やクラブのテニス・コートへよく行ったものだ。ゴルフはまだ二次的なものので、何でもおもしろそうなことはやってみるのと同じように、ゴルフをプレーしていたにすぎない。もしわたしがそういう遊びのすべてに才能があったとしたら、遊びの天才と呼ばれるようになっていただろう。ともかく、わたしは遊ぶのが好きである――釣りも、ハンティングも、クレー射撃も、ピンポンも、チェスも、球つきも、車の運転も、そしてショットがほぼ狙いどおりに打てるときには、ゴルフも好きなのだ。

どうやらわたしは、仕事以外のことなら何でも好きなようである。学校へ通うのも、いまでは楽しい。が、当時は学校へ行くのが嫌いだった。釣りかゴルフかテニスがやりたくなると、学校へ行く途中でわざと泥の中を歩いたりして足をよごし、先生に家へ帰りなさいといわせるような悪い習慣までついてしまっていた。といっても、もちろんそれほどしばしばだったわけではない。どうしても学校へ行くのが嫌だと思うときだけのことだった……。それで一度、ずる休みをしたときに、父から鞭で叩かれたことがある。わたしが学校から帰されて家に着くと、父がどういうわけかまだ家にいて、わたしの計画を察知したものか、その日は一日中、釣りに行ったり湖の近くへ行くこともしてはいけないと厳命した。

しかし父が出かけると、わたしはさっそくボートハウスへ駆けつけて、小さい桟橋から釣りを始めたのだ。魚がかかり、釣りあげた。そいつはかつて釣ったこともない大きい獲物だったので有頂天になってしまい、空中で躍っている釣果を手もとへとりこむのを忘れて足を踏みはずし、深さ6フィートほどの水の中へ落ちてしまった。わたしは一かきもできない金槌だったから、いまこうして回想記を書いていられるのも、ボートハウスの番人だったエドが幸い近くにいて、助けあげてくれたおかげである。それがもとで、父から鞭打ちされることになったのだったが、父に強く叱られたのはそれが最初で最後だった。

いま思い返してみると、ずっとスチュアートのゴルフを見ていたことによって、たいていの子供に備わっている模倣能力がわたしの中でも作用したのだろう、やがて彼と同じようにボールが打てるようになった。父がいうには、そのころのわたしは天性の真似っ子だったらしい。父はよくおもしろがってベランダに人がいっぱいいるときなどに、わたしに芝生におりて、このゴルファー、あのゴルファー――ほとんどはその場にいる誰か――のスウィングを真似させたものである。

一家のよい友人のひとりにブロイルズ判事という人がいたが、この人だけは自分のスウィングを真似されるのを、他の人たちみたいにおもしろがってはくれなかったようだ。彼はいつもクラブを自分で持ち運び、ショットしようとするときはバッグをていねいに左足の傍に置き、ボールに対してアドレスをし、スウィングし、目で飛んで行くボールを追いながらクラブから左手を離し、かがみこんでバッグをつかむと、ゆっくりした足どりでボールのほうへと歩きだすのだった……が、わたしはいまでもブロイルズ判事の〝フォロースルー〟――とみんなは呼んでいた――を真似できる。

判事はちょっと変わった人だった。日曜日にはいつも、コースへゴルフをやりにきた人たちがたくさんわが家にやってきて、昼食を摂ることになっていた。晩年のジョージ・アデアとか、チック・ティッチュナーとか、ドッドウェル・ブラウンとか、その他の人たちである。

ディキシー最初の怪童であるペリー・アデアとフランク・ミードアとわたしの三人はいつもゴルフを一緒にやり、昼食になると小さいテーブルをあてがわれていたが、不思議でならなかったのは、ブロイルズ判事がいつもガチョウのレバーのソーセージとライ麦パンを自前で持ってきて、カミラがつくってくれる伝統的な南部の日曜日用の昼食——フライド・チキンと、米と、グレービーと、熱い焼きたてのビスケットにはまったく手を出さないことだった。

あるとき、みんなが昼食を摂りながらちょっと会話が途切れた際、小さなテーブルからわたしが質問をして、座を沸かせたことがあった。

「ねえ、お父さん。ゴルフをしない人って、日曜日には何をやるの?」

とはいうものの、八歳か九歳のころ、わたしはゴルフよりテニスのほうがやる機会が多かった。そして十歳のとき、フランクとわたしは正式のテニスの試合——クラブ選手権に出場したのである。

わたしたちがいつもテニスばかりやっていたので、誰かが冗談で試合に出てみたらといったのだが、それを真に受けたのだ。申しこんでみると許可されてしまい、わたしたちの緒戦は南部がかつて生んだ最強のペアのひとつ、カールトン・スミスとエストン・マンスフィールド組と戦うはめになった。この対戦はたいへん話題にみちた試合だったに違いない——というのも、わたしたちが戦った1番コートの傍の、小さい芝生のスタンドにいたわずかばかりの観客は、十分に楽しめたはずだからである。

カールトン・スミスは妙なサーブを打った。ハーフ・ローフォードの一種で、コートに落ちると高く跳ねあがって急に方向が変わるのだ。そのため、わたしがベース・ラインの普通の場所にいると、ボールは頭の上を越えてしまい、ラケットが届かないのである。おかげでカールトンのサーブを受けるのに、わたしはコートの後の金網ネットのところまで下がって、バックハンドで打ち返さなければならなかったが、そこからだとネットを越して返すにはずいぶん距離が遠く、力いっぱいラケットを振り回した。

一方、わたしのサーブはといえば、あの長身で力強い選手のエド・カーターそっくり——だと自分では固く信じていた——の、腕を十分に上げて振り下ろす〝アメリカン・サーブ〟だった。カールトンに対し、わたしがボールを頭上にトスして〝アメリカン・サーブ〟を打とうとしたとき、観客の間から激励の叫びが聞こえてきた。

「力いっぱい打て、ボブ——連中をやっつけろ！」

わたしは渾身の力でボールを打った。フランクとわたしは気が狂ったように走り回り、カールトンとエストン、それに観客も試合を楽しんでいた。このトーナメントにおけるわたしたちの寿命は、短くはあったが燃焼しきっていた。これこそ、わがテニス史における極北のプレーであったろう。

子供のころを思い出そうとすると、いささか頭の中が混乱する。

さまざまなことがあったが、そのすべてが一度に起こったような気がして、まるで夢でも見ているようである。アトランタ・アスレチック・クラブのテニス選手権に出場したことを書いているうちに、それより四年前のことが重なりあって記憶に浮かんできた。

イースト・レイク・クラブの敷地内にあったミードア家に滞在していたころ、年とったポニーによく乗っていたことである。そのポニーはおそらく三十歳か四十歳ぐらいになっていたと思うが、門のところに連れていくと、必ず間違った方向へ行きたがる癖があった。どうしても右へ歩きだすのだ。それで、下働きをしていたウィリーがすっかりこの癖を覚え、わたしがポニーの背中に乗ると、門の前でクラブのほうに尻を向けさせた。するとポニーは右へ回りながら、クラブに向かってとことこ歩きだすのだった。わたしはこのポニーが大好きで、母の名前をとってクララと呼んでいた……が、自分としては敬意を払ったつもりなのに、母はどうやらあまり歓迎してはくれなかったようである。
競技としてのゴルフを初めて経験したのは、六歳のときだ。そして生まれて最初のカップをもらったのだが、高さ3インチの小さなカップは、いまでも大事に持っているし、生涯傍に置いておくつもりである。とはいうものの、そのカップを自分がもらう資格があったかどうか、わたしはいまだに疑っている。

ミードア夫人の家にいたとき、ある日、パーティがあった。後に全米女子選手権を連続して三度も獲ったアレクサ・スターリング[注5]が、近所に住んでいた。フランク・ミードアはもちろんわたしと同じ家にいたし、ペリー・アデアもミードア夫人に呼ばれてやってきて、そこで夫人がコンペを開こうといい出したのである。

競技はイースト・レイクのオールド・コースの6ホールを使うこととなり、トロフィとしてそのカップが用意されたのだった……が、もしメーテルリンクの言葉が正しいとし、過去と現在と未来とが本当に併存しうるとしたら、わたしはあの6ホールのプレーをもう一度再現して、チェックしてみたいと思う。というのも、わたしはずっと、アレクサが勝っていたはずだと確信してきたからである。

しかし、フランク・ミードアのスコア集計ではわたしが勝ったことになって、彼のお母さんからカップを贈呈されたのだが、みんなフランクが何か企んで、年少のわたしに勝たせたのではないかと思っていた……ともあれその晩、わたしはカップを抱いて寝た。いまでは百二十個ものカップや花瓶、それにメダルを三十個ほど持っているが、あの小さなカップだけは、いつもていねいに磨いている。ついでながら、これ以外に抱いて寝たカップはひとつもない。

それから間もなく、E・G・ベランジャー夫人が別のトーナメントを催した。今度のはマッチプレーで、年齢によってハンディキャップがつけられ、ペリーはわたしにラウンドで1ストロークくれなければならなかった。ふたりは決勝戦に進んだが、それは36ホールの、いま全米選手権の決勝戦を戦うのと同じ距離によるゲームだった。

わたしたちは、日曜日に戦った。プレーしていると、イースト・レイクのコースでプレーしている人たちがみな、礼儀正しく傍にどいてわたしたちをパスさせてくれるので、自分がどれほど重大な試合をしているのかがわかったのを覚えている。考えてみれば、トーナメントの決勝戦だったのだ！　断っておくと、その人たちを待たせたりはしなかった。ふたりのゴルフときたら、単純かつ迅速だった。ボールに向かってまっすぐ歩いて行くと、すぐさま打つのである。もちろん、わたしたちのボールはそれほど遠くへ飛ばない。たぶん、100ヤードをやっと越えるぐらいのものだったろうが、そのかわりめったに曲がらなかった。グリーンにあがれば、かがみこんだりしないでパッティング・ラインを測り、ボールに近づいてホールに向けて打つだけだった。そして（記憶が正確であるとすれば）カップ・インする確率は、いまから思っても驚嘆するくらいのものだったのである。

　昨今、プレーの遅いパーティの後でプレーしたりする場合、3フィートのパットのラインを前から見たり後から見たりした上で、ライン上と思えるところの砂を拾ったりする人たちを目にすると、わたしはパッティングについていった[注6]ジョージ・ダンカンの言葉を思い出す。

「パッティングの一番いい方法は、ボールに近づいてホールの中へ打ちこんでやることなんだ！」

　パットの名手であったアレックス・スミスは、パッティングの際にぐずぐずと歩き回ったりしなかった。

「ミスをするなら、早くミスしてしまえ！」

　というのがスミスのモットーだったが、そういうやり方でも彼はめったにミスをしなかったし、パッティング・ライン上の障害物を拾い上げようかどうか思い迷ったりも、決してなかったことである。

「何か障害物がボールをラインからはずしたりしませんか？」

　と訊かれて、

「ラインからはずれたボールを、それがラインに乗せてくれるかもしれないじゃないか」

と彼は答えたことがある。

わたし自身は、ショットのときに逡巡したことがないと思う。パッティングも、二年前まではショット同様、早かった。世間では、わたしが最近はパッティングに慎重になったという。が、それは必ずしも当たっていない。確かに、以前よりはパッティング・ラインを調べるようにはしている。〝ライン〟がはっきり見えるまでは、パットしない。以前はプレーを遅らせるのが好きではなかったから、ラインがよくわからなくても、構わずボールを打ってしまっていたのだが……ラインを調べるというのは、妙なことである。

正直なところ、わたしにはよく理解できない。思うに、あれはゴルフにまつわる心理的側面のひとつなのだろう。過去、いいスコアが出せたいくつかのラウンドでは、どのパットのラインもまるで誰かが白墨で線でも引いてくれたように見えたし、斜面でどれくらいボールがきれていくか、カップのどのサイドが入り口なのかも、はっきりわかったものだ。が、たいていの場合、ラインは見えてこずにあいまいだから、慎重に調べるようにしているのである。

しかし、グリーン上でわたしが費やしている時間のほとんどは、ラインを調べたり、ライン上をきれいにしたりするためではない。一九二四年、その八年前に初めて全米アマチュア選手権に参加したメリオンの同じコースでタイトルを初めて掌中にしたとき、わたしは自分があまりに急いでグリーンにあがって行き、呼吸もおさまらないうちにパッティングしていることに気づいたのだ……わたしはいつでもショットの間を早足で歩いていたし、二年前まではジョージ・ダンカン[注6]とわたしは、世界でももっともプレーの早いゴルファーだといわれていた。いまでもそれほど時間をかけているとは思わないが、大事なラウンドでは呼吸が乱れているうちにパットはしないようにと、メリオンで自分にいい聞かせたのである。

そういうわけで、パッティング・ラインを眺めたり、しゃがみ込んで考えたりしているように見えるかもしれないが、それは呼吸を整え、気持ちを落ち着かせるためなのだ。

大したことをしているわけではないのである。とはいえ、選手権試合のゴルフというものは、おそらく世の中でこれ以上もない微妙きわまる競技かもしれない。たった一枚の草の葉によって、ボールがカップへのラインからはずれてしまうような些細なできごとが、名手たちの間に大きな差をつけてしまうからである。

メリオンで、わたしのパットはよかったとみんながいってくれた。パッティングの神様であるジュリー・トラヴァースが決勝戦を観ていて、わたしのパッティングについてこれほど美しいストロークを見たことがないといったと、グラントランド・ライス[注7]が教えてくれた。生まれてこの方、もっともうれしい讃辞のひとつである。おそらくそれは、呼吸を鎮めてからパッティングをしたためであろうと思う。ともかく、それが悪くなかったことは確かだ。

ペリーとわたしは、その36ホールの決勝戦で、呼吸や心臓の動悸を鎮めたりすることなど考えもしなかった。ボールのところへまっすぐ歩いて行っては、すぐさまかっ飛ばしつづけた。1ラウンド回るのに、二時間ぐらいしかかからなかったろうと思う。それをもう一度繰り返し、結局、35番ホールでわたしは2アンド1で勝った。このときは、小さな花瓶をもらった。

いまにして思えば、ゴルフとはただボールのところへ歩いて行ってかっ飛ばすということだけを意味していた時代、そしてゴルフは単なる遊びであり試合といっても単なる試合にすぎず——選手権などというばかげた観念に振り回されることもなく——仲よしのちびっこペリーをやっつけてやろうと夢中になっていたあの時代が、何と素晴らしかったことだろう。選手権試合のゴルフについていうなら、間もなくわたしは長らく愛用してきたクラブを置くつもりである。そうしたら、どれほど気分が楽になるだろうかと思う。それでもなお、アレクサとペリーとわたしとで初めてプレーした時代を呼びもどすすべとてもない。

選手権の勝者たることの眩ゆいばかりの光輝が、芝生の露をまたたく間に蒸発させてしまったのだ！

注1　赤十字チャリティ
　第一次世界大戦にアメリカが参戦するに及び、赤十字がヨーロッパへ送るための医薬品調達を目的として催した、エキシビション・ゲーム。

注2　ボビー・クルックシャンク
　一八九四年、スコットランド生まれのプロ・ゴルファー。一九二〇年代を代表する名手で、一九二三年の全米オープンでボビー・ジョーンズと首位タイとなり、プレー・オフで涙をのんだことで有名。

注3　マッシー
　現在の5番アイアンのこと。クラブの古い呼称は、ウッド・クラブではいまでもドライバー（1番）、ブラッシー（2番）、スプーン（3番）、バッフィ（4番）、クリーク（5番）と使われているが、アイアン・クラブの場合はほとんど使われなくなった。かつての呼称は次のとおりである。

1番　ドライビング・アイアン
2番　ミッド・アイアン
3番　ミッド・マッシー
4番　マッシー・アイアン
5番　マッシー
6番　スペード・マッシー
7番　マッシー・ニブリック
8番　ピッチング・ニブリック
9番　ニブリック

注4　アレックス・スミス
　スコットランド生まれのプロ・ゴルファー（一八七二～一九三〇年）。五人兄弟のひとりで一八九〇年代にアメリカに渡り、単にプレーヤーとしてだけでなく、クラブ製作者、グリーン・キーパーとしてもアメリカ

のゴルフ界に大きな影響を与えた。一九〇六年、一九一〇年の二回、全米オープンを制している。

注5　アレクサ・スターリング

ボビー・ジョーンズとは幼馴染で、早くからゴルフに目覚ましい才能を示し、一九一六年から一九二〇年まで（一九一七、一九一八年は第一次大戦のために中止）全米女子アマチュア選手権を三連覇した。一九二一、一九二二年は二位。アメリカ女子ゴルフ界の巨星のひとり。

注6　ジョージ・ダンカン

英国の名ゴルファー、一九二〇年に全英オープンを制した。プレーが早いことで有名で、「彼はワッグルをするはおろか、スタンスさえとらない前に打つ」といわれたほどだったとか。

注7　グラントランド・ライス

二十世紀初期のアメリカ・スポーツ・ジャーナリズムの大御所。ニューヨークの彼のアパートに、ボビーはよく泊めてもらったそうである。有名な映画女優だったフローレンス・ライスは、彼の娘。O・B・キーラーとともにボビーの後楯だった。

第二章

オールドマン・パーの発見

わたしが初めて獲得した大きなカップ——といっても相対的に大きいという意味だ——は、アトランタ・アスレチック・クラブのジュニア選手権でのものである。当時わたしは九歳で、それは正式の試合だった。十六歳の大柄の少年ハワード・ソーンが準決勝でペリー・アデアを破り、そのハワードに36ホールの決勝戦でわたしは5エンド4で勝ったのだ。そのとき『アメリカン・ゴルファー』誌にわたしの写真が載って……去年、全米オープンの後でこの雑誌は、痩せっぽちで細い手足の髪の毛の薄い少年が、いまよりもずっとフラットなスウィングでフィニッシュしている写真をふたたび掲載したものである。それにはジェス・スウィーツァーの少年時代の写真も掲載されていて、「彼らはもう、あらゆるメジャー選手権を掌中におさめてしまったのだ」とキャプションに書かれていたが、わたしにとっては、あの小さなおかしい写真が最初に雑誌に載ったときのほうが、ずっと誇らしい気分だった。

翌一九一二年、同じ選手権でハワードは準決勝でわたしを負かしたが、決勝戦ではペリーが彼を破った。当時ペリーは飛躍的な進歩を示していて、それから一、二年後には〝ディキシーの怪童〟という仇名で新聞の見出しになったりした。南部アマチュア選手権では、父親のジョージ・アデアを撃破して決勝まで進んだが、惜しくもネルソン・ホイットニーに敗れたのだった。

その年、クラブ選手権に出場していたころ、わたしは90前後のスコアでラウンドしていて、ごくときたま1ストロークか2ストローク、それよりいい数字が出るくらいだった。イースト・レイクのオールド・コースは、なかなかいいスコアの出ない難しいコースだった。思い返してみると、昔のオリジナル・コースはずいぶん奇妙につくられていて、まず1番ホールが165ヤードのピッチ、3番がまたピッチかミドル・アイアンでショットするホールで、18ホールのうちこのふたつだけがパー3だった。残る16ホールはひとつとして短いホールがなく、しかもたいていは第二打がロング・ショットになるパー4で、パーを獲るのが至難だったのである。このコースは一九一四年、ジョージ・アデアとスチュアート・メイドンがイギリスへ旅をして帰ってきた後――アデアさんは確かペリーも連れていったと記憶している――大幅に改造されてしまって、いまでもいくつかのホールは昔のままで使われてはいるものの、まるで違うコースになってしまった。スチュアートにいわせると、現在のコースは長くなってはいるが、いいスコアが出やすいそうである。

オールド・コースが改造される前年、十一歳になったとき、重大なことがふたつわたしの上に起こった。それは後のわたしのゴルフに決定的な影響を及ぼしたので、ここに書きとめておくだけの意味があろうかと思う。そのときまで、ゴルフはわたしにとってテニスや釣りや野球と並んで、付随的なお遊びにすぎなかった。他のスポーツとは勝負のしかたが違うというだけのひとつのゲームでしかなく、仮に誰かに勝ったとしても、テニスで誰かを負かしたり、野球で相手チームを打ち破ったりするのと同じで、自分は何かを達成したんだなと感ずるだけのことだったのである。ゲームとしてのゴルフが、単なる個人的な勝ち負け以上の意味を与えてくれるものとは、つゆほども考えてはいなかった。たとえストローク・プレーでラウンドしているときでさえ、わたしはペリーや他の誰か、もっとも手強い相手に勝とうとしているだけだったのだ。当然ながら、どんなラウンドでもスコアをつけていて、もちろん90を切りたいと思っていたが、わたしの考えによれば、スコアそのものは誰かとの勝負とは直接関係のない付随的な結果であって、何かとの勝負を示すものではなかったのである。

　ゴルフは、誰かに対してプレーするものではなく、何かに対してするものであるということに気づかなかったら、わたしはメジャー選手権に勝つことなどなかったろう。そういっても決して間違いではないと思う。何かというのはパーのことだが……そのことを学ぶまでには長い時間がかかって、ずいぶん悩んだものだ。

　一九一三年に、イギリスからあのハリー・バードン[注8]とテッド・レイ[注9]がやってきた。ブルックラインで開催される全米オープンに出場するためである。このときの全米オープンでは、当時十九歳だったフランシス・ウィメットが素晴らしいゴルフをして、このふたりの高名なイギリス人プロ選手と三人タイでフィニッシュし、プレー・オフの末に彼らを破ってしまったのだが、わたしは初めてゴルフの記事を新聞で読んで、これこそ本当のゲームだと思い始めた。十月に、バードンとレイがイースト・レイクでエキシビション・マッチをした。相手はスチュアート・メイドンと当時アトランタにつくられたばかりのドレード・ヒルズGCのプロだった晩年のウィリー・マンの組だったが、レイが36ホール目のグリーンで8フィートのパットを沈めてハーフとし、彼らが1アップでわがアトランタ・チームに勝った。

これは、わたしが初めて見た大試合だった。36ホールずっと、夢中でついて回った。レイのとてつもないドライバー・ショットは、バードンの美しくてなめらかなスウィングよりも、ずっとわたしを惹きつけた——もちろん、ハリーのほうがじつに着実にスコアをまとめていく事実に目をつむるわけにはいかなかったが、である。パー——パー——パー——、そしてまたパー、ハリーのスコア・カードはそういう調子だった。彼らは、イースト・レイクで36ホール回り、翌日またブルックヘブンで36ホールをプレーしたが、バードンのスコアは72—72—73—71だったことをはっきり覚えている。トータル288、全部を平均4で回ったのだ。当時のわたしにはこれ以上素晴らしいスコアは考えられず、平均4でプレーできればどんな試合でも勝てるだろうという気がした。今日では、その計算が通用するはずがない。平均4なら、わたしはいつ、どこででもマークできると思う。

ところで、イースト・レイクでの午後のラウンドの12番ホールで、テッド・レイが驚くべきショットをした。後にも先にも、これほど素晴らしいショットを見たことがない。いまでも鮮やかに頭の中に焼きついている。

わがチームは午後のラウンドで2ダウンを喫していたが、昼食が終わった後、めざましいスタートを切って、たちまち劣勢を引っくり返してリードを奪った。ところが、12番ホールからつづけて4ホール、遠征チームはバーディを連取してふたたびわがほうを逆転した。この12番ではバードンがバーディ、レイはパーだったが、あの驚嘆すべき一打はこのとき生まれたのである。彼のドライバー・ショットは相変わらず四人のうちで一番遠くまで飛んだが、一本の木の真後ろにとまってしまった。その木は高さおよそ40フィート、枝を広く張って葉が厚く繁っていた。しかもボールはグリーンと木を結ぶ線上にあって、木とボールとの間は木の高さほどの距離もない。レイがボールのところまでくると、ギャラリーの中のヤジ馬たちは、果たして彼がこの障害物をスライスで避けて170ヤード先のグリーンを狙うか、それとも反対側からフックで打っていくか、賭けを始めていた。わたしについていうなら、一打のペナルティを覚悟して、フェアウェイに出すしかどうしようもないように思われた。彼は運がないんだ、とわたしは思った。

偉大なるテッドは、まずボールをちらっと見て、木をすかして彼方のグリーンのほうを一瞥すると、迷うことなくバッグからマッシー・ニブリックを抜いて、ボールをひっぱたいた。わたしは、あれほどボールを強く打つのを見たこともない。まるで彼は中国までボールを届かせようとしているみたいだった。テッドの足の裏ほどもあるターフが宙に飛んだ。ボールは途方もない一撃によって凄まじい回転を与えられ、山うずらのように舞い上がった。ほとんど垂直に上昇し、木の上すれすれに飛び越すと、ビルの高さもあるくらいに宙に浮いて、グリーンの――それもカップからそう遠くないところに落ちた……。ギャラリーは発作的に歓声をあげた。みんな背中を叩きあったり、わめいたり、叫んだり、拍手したりした。わたしにはまったく信じられなかった。いまもって、あれは奇跡だとしか思えない。ともかく、わたしが知っているかぎりのもっとも素晴らしいショットだった。

それでも、試合が終わってみると、その日もその次の日も、老ハリーだけがパー・プレーしていたのである。ハリーは、スチュアートやウィリーとは別の何物かに対してプレーしているように見えた。別の何物か――それはわたしにはよくわからなかったが、それが彼を真剣なプレーに駆りたて、ギャラリーや、試合の相手や、偉大なパートナーからさえも彼を超然とさせているようであった。ハリーが相手にしていたのは、何かあるもの、あるいは試合には関係のない誰かであるように思われた……が、わたしにはそれが何か、誰かは理解できなかったし、ただそう見えただけなのである。

その年、それからしばらくして、イースト・レイクのオールド・コースでわたしは初めて80をマークした。

　特別な感慨が、その思い出にはある。ペリーと一緒にプレーしていたのだが、わたしはペリーのショットがどうかとか、自分が彼に勝てるとか、彼に負かされるだろうとかが、まったく気にならなかった。いままでのベスト・スコアよりいい数字を出したいとだけ思って、他のことは何も考えられなかった。そして最終グリーンで4フィートのパットを入れて、それまで一度だって達成したことのない80でフィニッシュすると、スコア・カードにペリーに署名してもらい、それから父を探して走りだしたのだ。

　その日、父がコースに出ていることは知っていた。いくつかのホールを横切っていくと、14番ホールのグリーンに父がいた。わたしは父がパッティングを終えるまで待っているぐらいの、気持ちの余裕はあった。パッティングのとき邪魔されるのを、父は極端に嫌うのである。父がホール・アウトすると、近寄ってカードを差し出した――手がぶるぶる震えていたのを覚えている――。父はそれに目を落とし、それからわたしをじっと見た。父が何ていったのか、記憶がない。が、父は突然、両手をわたしの体に回して抱きしめた――とっても強く。父の目はちょっと曇っていたように思う。涙ぐんでいたのかもしれない。

　思うに、これが目に見えない敵、スコア・カードと鉛筆とで表される、何か形のないものを相手にプレーした最初であった。いかなる敵よりも手強い相手――オールドマン・パーである。

一九一四年という年は、わたしのゴルフ史にとって特に記念すべきことがなかった。イースト・レイクのニュー・コースがオープンしてしばらくの間、寂しい思いを味わったくらいのことだろうか。なにしろわたしときたら、それまでここのオールド・コースでしかプレーしたことがなかったのだから。

オールド・コースは何となく専門的に〝左きき〟コースと呼ばれていて、時計の針のように左から右へと回っていくようにできていたが、新しいほうはたいていの最新コースと同様、時計とは逆回りに設計されていたので、わたしはとても戸惑ったのだ。あの時計回りコースが、なぜ〝左きき〟用と呼ばれなければならなかったのか、いまにいたるも理解できない。というのも、あのコースは左ききゴルファーにとって、スライス・ボールがアウト・オブ・バウンズになるようなデザインで、しかも左ききの人はたいてい生まれつきスライサーだからである。その点、右ききのゴルファーがスライスを打っても、アウト・オブ・バウンズにはならなくてすむわけだ。いずれにしても、イースト・レイクのコースが改造された当座、新しいコースのレイアウトはわたしにとって歓迎すべきものではなかった。よくボールを曲げていたからである。

このころまでには、真面目に学校へ通うようになっていた。わざとぬかるみを歩いたりする悪い習慣もなくなっていた。ゴルフがうまくなりそうな気がしはじめていたから、テニスよりゴルフに熱中するようになってはいたが、いくつかのクラブ選手権に出場しても、成績はあまりよくなかった。いつも二位か三位には入ったものの、一度も優勝できなかった。ペリー・アデアとは毎日曜日にプレーし、ときどきはスチュアート・メイドンがラウンドするのを眺めていたが、それはただ彼のプレーに興味があったからというだけのことで、自分のゴルフを上達させようとか、彼の真似をしようとかいうつもりはぜんぜんなかった……スチュアート・メイドンがわたしの先生で、わたしが揺り籠から出るとすぐにゴルフを教えはじめたと世間では思っているらしいが、これは事実ではない。スチュアートは、わたしがどれかのクラブか何かがスランプに陥ったときに神聖をおかしてコーチしてくれただけで、ゴルフのレッスンというようなことではなかったのである。要するにわたしは彼のプレーを観察し、無意識のうちに猿真似していたのだろうと思う。

十五歳になったころにはスチュアートと同じくらいの背格好になり、わたしは彼そっくりのスウィングをするようになっていた——そのころはいつも長ズボンをはいてプレーしていたし、スチュアートもそうだったから、あるときバーミンガムのルーバック・カントリー・クラブで、彼の古い知りあいからスチュアートと間違えられたこともあるくらいである。あれは南部選手権だか何であったかの練習ラウンドで、カーヌスティを離れて以来スチュアートと会ってなかったその人は、わたしが10番ティーでドライバー・ショットをしている姿を、遠くからわたしの父と一緒に見ていた。

「スチュアート・メイドンは、いつここに来たんです？」

とその人は訊いた。

「スチュアートなど来ていないけど」

と父が答えた。

「ご冗談を……」

と彼はいった。

「たったいま、スチュアートが10番でティー・ショットしてましたよ。カーヌスティのあの古風なスウィングを、私が知らないと思ってるんですか？」

「どういたしまして」

と父は説明した。

「あれでしたら、わたしの息子のボブですよ」

アレクサ・スターリングはゴルフを始めたてのころスチュアートからレッスンを受けたため、やはり彼女もカーヌスティ・スタイルの古風なスウィングをしていた。まったくのところ、いまではもう、アレクサはわたしなどよりずっとスチュアートに似ているくらいなのである。スチュアートとの肉体上の相違——彼より体重もふえ肩幅も広く胸も厚くなった——のせいで、わたしはスウィングの一部を直していた。おそらくその変更のある部分がよくなかったのだろう、二年前にドライバーのショットが荒れて気が狂いそうになったとき、元のカーヌスティ・スタイルにもどしてしまったのだが……。

　そういうわけで、わたしは相変わらずスチュアートがプレーする後をついて歩いていたが、彼はまったく注意を払ってくれなかった。ごくときたまワン・ポイントのレッスンをしてくれ、それからわたしが大きくなって子供用のクラブでは不便になったとき、立派なクラブを一式つくってくれただけである。

　そのころになると、わたしはボールにも興味が湧いてきていた。もちろんガッタ・パーチャ[注10]やガッティ・ボールでプレーしたことはなかったし、名前を耳にしたこともない。ゴム芯のボールは、わたしが生まれた一九〇二年にもう売り出されていたのだ。ボールにはいろいろな種類があるとわかってから最初に使ったボールはハスケル・ウィズで、これは小さい青色の輪が印刷された素敵なやつだった。そのボールはとても気に入っていたのだが、やがて心変わりして、ダンロップのブランブルとかゾーム・ゾディアックというようなボールに心を奪われ、とりわけゾディアックという名前にはうっとり催眠術でもかけられたような気がしたものである……。

メジャーの選手権試合に初めて出場した一九一六年のころには、ボールをしばしば変えてみたりしていた——ときには、ラウンド中にさえも。イースト・レイクで大きな招待トーナメントが開かれたとき、試合前日から雨が降りはじめて当日もずっと降りづめだった。当時は糸ゴムをきつく巻いた重くて距離の出る——とわたしは信じていた——スモール・ボールのブラック・サークルというのが好きで、逆風ではこのブラック・サークルを使い、追い風のホールでは湿った草の上に浮くラージ・ボールのブラック・ドミノとを使い分けた。そのころのわたしは、ゴルフ・ボールの弾道学について自分なりの理論をもっていた……いや、もっていると思いこんでいたのだが、自分が使ったあのさまざまな名前のボールが懐かしく思い出される。すべていまでは遠い昔のことになってしまったが、それらのボールをわたしは順ぐりに深く愛していたのだ。

イースト・レイクのオールド・コースで80というわたしのゴルフ史を飾るスコアをマークした翌年、あるいはその次の年に、自分のゴルフがどれほど進歩したかという点については、どうも記憶が定かではない。ゴルフの要素としてオールドマン・パーがどれほど重要かを確かに悟らされたはずなのに、その悟りはあくまで自分勝手なものにすぎず、ゲームというもっと具体的な出来事の前では、たちまち圧し殺されてしまうようだった。勝ち負けが、いまよりずっと好きだったのだろうと思う。

昨年来、わたしはもう自分のクラブを壁に掛け、メジャー選手権に出場する義務から解放されるような立場になれたら、どんなにうれしいことかと考えつづけている。そして、全米オープンや全米アマチュア選手権にみんなが参加していることを新聞で読んでいられたら、どれほど幸せだろうか、と……。だが、果たしてどうなのだろう。二十五歳にして、もはやわたしは老いたる軍馬なのだろうか？　そう、一九一六年のメリオンまで振り返ってみれば、確かにわたしの歩いてきた道は、長い長い歴史ではあるのだ。

それはさておき、その一九一四年ころから、わたしは新聞でゴルフの記事を読むようになった。そして、サンドウィッチにおける全英アマチュア選手権で、優勝すると思われていたチック[注11]・エバンスが〝奇跡のラウンド〟と称された試合の末に、マクファーレンという選手に敗れたという記事を目にして、異様な衝撃を受けたことをはっきり覚えている。チックは最初の9ホールをパーの36でプレーしながら5ダウンしたというのだ！　さらに、マクファーレンがパー4のホールで6を叩きながら31で回ったと知って、息がとまるほど驚愕した。それはいったいどんなゴルフなのだろうかと、わたしは訝《いぶか》った。そんなゴルフをするなんて、きっと悪魔にでも憑《つ》かれているのではないか？　……けれども、後になって、わたしは一再ならずそういうゴルフを見ることとなった。たいていはできるかぎり冷静に敗北を受け入れようとするしかあるまいと思うが、自分自身もそういう目にあったときには、いつかは自分も人に味わわせられるだろうと考えて冷静さを保ったものである。

ブルックラインでジェス・スウィーツァーから初めてそういう憂き目を見せられたときはといえば、2番ホールでわたしがバーディの3であがったのに対し、彼はマッシー・ニブリックのピッチでカップ・インさせ、イーグルの2！　サンドウィッチでのチックよりも、もっと酷い目にあわされた――9ホールを終わって、6ダウンもの差をつけられたのだ。もちろん、わたしのゴルフがチックほどよくなかったからだが、次の9ホールはいいプレーをして34であがった……にもかかわらず、1ホールしか返せなかった！　ああ、みんな何としばしばわたしを打ちのめしてくれたことだろう！　フロスムーアでの全米アマチュア選手権の最後の19ホールを5アンダー・パーでラウンドしたマックス・マーストン……けれども、これでは話が先走ってしまう。ここに記しておくべきことは、わたしが全英アマチュア選手権でイギリスの強豪ロバート・ハリスに激戦の末勝った翌日、わたしを打ち破った若者、アンドリュー・ジェミーソンについてである。彼は、わたしが出会ったもっとも優秀な少年のひとりだった。

一九一四年が過ぎて十三歳になったころ、わたしはかなり上達していたのだろうと思う。ふたつのクラブ選手権に勝って、家を離れて南部アマチュア選手権と大きいふたつの招待トーナメントでプレーすることを許された。クラブ選手権は一番最後で、その年最初の大きい試合は、アラバマ州モントゴメリーで行われる南部ゴルフ界最大行事の招待トーナメントだった。ジョージ・アデア氏は息子のペリーを伴い、わたしも一緒に出場させるよう父を説得してくれた。もうそのころペリーは素晴らしいゴルファーなっていて、彼ら父子は第一部の予選を突破し、決勝で相まみえたのだった。結局はアデア氏がペリーを破ったのだが、そのときアデア氏はまるで最後の友人を失ったような表情を浮かべていたものである。前年の南部選手権の準決勝ではペリーに負けていたが、アデア氏は復讐の甘い陶酔を感じなかったのだろう。

予選でのわたしは、あまりうまくいかなかった。イースト・レイクで80を出したときの興奮をすっかり忘れてしまったようだった。わたしは第二部にクオリファイされたが、がっかりして自分に愛想がつきた。そのころ、わたしは思い上がっていたのだ。第二部の決勝に進んでヒックマンというレフティに負けたとき、クラブを全部川の中へ投げこんで、このいまいましい試合をやめてしまいたいくらいだった。第二部なんかにランクされた上に、ボールの反対側に立っているプレーヤーに手ひどくやられるなんて、重ねて侮辱されたような気がしたものである。

おわかりいただけるだろうか。わたしにとってゴルフはまだ、誰かに勝とうというだけのゲームにすぎなかった。そしてもちろん、戦うべき相手が自分自身であることに気づいていなかったのである。

注8　ハリー・バードン
　イングランド生まれ（一八七〇〜一九三七年）。ゴルフ史上最強のゴルファーのひとりで、全英オープンに六度勝ったほか、一九〇〇年には全米オープンにも勝っている。現在一般的になっているオーバーラッピングのグリップは、一八九〇年代にバードンによって初めて考案されたといわれ、俗に〝バードン・グリップ〟と呼ばれている。

注9　テッド・レイ
　イングランド生まれの名ゴルファー（一八七七〜一九七〇年）。一九一二年に全英オープン、一九二〇年には全米オープンにも優勝したが、彼の名が高くなったのは一九一三年、ハリー・バードンともども、無名のフランシス・ウィメットに全米オープンで敗れたことだった。パイプを咥えたままプレーするのでも有名だった。

注10　ガッタ・パーチャ
　一八四六年に英国で考案されたゴルフ・ボールで、生ゴムでつくられたもの。それ以前は羽毛を革の袋に入れたボールが使われていた。

注11　チック・エバンス
　一八九〇年、インディアナポリス生まれの名アマチュア・ゴルファーで、一九一六年には全米オープン、全米アマの両タイトルをとり、五十年以上にわたって活躍した。第一線から退いた後もゴルフ界に尽くし、エバンス奨学資金を設けてキャディの育成にもつとめた人物。

1911年、ボビー・ジョーンズ9歳のころ。アトランタ・アスレチック・クラブのジュニア選手権で優勝。『ジ・アメリカン・ゴルファー』誌に掲載された写真

第三章

十四歳、州選手権に出る

父は前からいっていた――わたしが十五になって、そのとき腕前がほどほどにあがっていたら、南部アマチュア選手権に出場させてくれる、と。けれども、その年――一九一五年――にはまだ十五になっていなかったし、モントゴメリー招待競技での成績もかんばしくなくて、周囲から是が非にも出場させてみろといわれるほどの域にはとてもいたっていなかった。だから、その南部選手権がホーム・コースのイースト・レイクで開催されるという願ってもない機会に恵まれはしたものの、出場できるとは思ってもいなかった。そのため、わたしが出場できると父からいわれたときはびっくりもしたし、チーム対抗の予選でアトランタ・アスレチック・クラブの代表四人に選ばれたと知ったときは、驚きを通り越して重圧におしつぶされそうな気がしたものだ。

代表の他のメンバーはジョージ・アデアと息子のペリー、それにウィル・ローアンとであったが、わたしは責任感にとりつかれて、予選ラウンド中ずっと、ただプレーに集中しようと地面ばかり見て歩いた。おそらくずいぶんひどいゴルフをしたのだろうと思うが、自分のつもりとしては、もう一度オールドマン・パーを相手にプレーをし、誰かを負かそうなどとは絶対に考えまいと心に決めていた。そして、何とか83であがってきたらチームの中ではベスト・スコアで、しかも82ストロークのタイでメダリストとなったニューオリンズのネルソン・ホイットニー、ダラスのチャーリー・デクスターとは一打の差だった……。スコア82――当時としては、素晴らしいラウンドだといわれたのだ！

にもかかわらずわたしは、チーム対抗戦の優勝に貢献できたことはうれしかったが、自分のゴルフには満足していなかった。引っかけたショットや、ミスしたパットのことをずっと考えつづけていた……うまくいったら80か、もっといいスコアが出せたはずなのだ。もちろん、ゴルフにおいては、いつでもそういう悔いに責められるものである。

一九一五年のイースト・レイクにおけるこの失敗だらけのラウンドを思い返していると、つい去年のサニングデールの全英オープン予選ラウンドのことを連想してしまう。そのラウンドを66であがって、評論家たちは翌日、それがイギリスにおいてかつて演じられた最高のストローク・プレーだと書いてくれた。が、わたしにしてみれば、なんで3番グリーンで5フィートのパットをはずしてバーディの3をとりそこなったかと悔いが残っていたし、7番で簡単な10フィートをミスし、9番では270ヤードものドライブでグリーンをオーバーした返しのアプローチから、5フィートのパットを入れそこなってもいたのである……。63で回れていたはずだし、62ということだってあり得た。つねに、ゴルフとはそういうものだ。これからもそうでありつづけるだろうし、どこまでも変わることはない。もっとうまくできたはずだと悔いることもなく後から思い返してみられるような会心のラウンドなど、絶対にないものだ。

わたしが正規のコースでマークしたベスト・スコアは、一九二二年九月十六日、ブルックラインでジェス・スウィーツァーに完敗した一週間後、イースト・レイクでプレーした63である。6700ヤードでパー72、わたしは9パー、9バーディで回った。入ってもおかしくはない、いくつかのパット・ミス。それが入っていたら悪くても60でラウンドできたパッティングのミスについて、わたしは説明できるのかもしれないが、いってみても始まらない話なのである。

「ゴルフはどこまでも君らを捉えて離さない」

と、スコットランドの昔の名手のひとりが含蓄のある言葉を残している。つけくわえるなら、ゴルフのゲームはいつでも人間の力を超えたところにある。どれほどの名手にしてもゴルフを思うがままにプレーはできないし、完璧なラウンドなどなし得ない。だからこそ、おそらくゴルフほど素晴らしいゲームはないのである。人間を相手にプレーするのではなくて、ゴルフそのものをプレーするのだ。オールドマン・パーが相手なのである。

当時、南部アマチュア選手権では予選を通過した六十四人を18ホールのマッチ・プレーで三十二人ずつに分け、次のラウンドで第一、第二、第三、第四フライトにランク分けしていた。わたしは最初のラウンドでシャーロットからきたパターソンという相手と戦って勝った後、テキサス州ヒューストンのコモドア・ハードとぶつかった。

この試合は最年長者と最年少者の対戦だった。コモドアは当時もいまも南部ゴルフ界の強豪で、彼がそのときいくつだったのかは知らないが、わたしがいくつぐらいかと漠然と考えていたよりはずっと年とっているように見えた。鉄みたいなグレイの髪をした背の低いずんぐりした人物で、サンバイザーをかぶり、小さいフラット・スウィングから途方もなくランのある低いボールを打った。あんなスウィングじゃ、ボールなんかとてもまっすぐ飛ばせないだろう、とわたしは初め思ったが、プレーし始めるとたちまち、この人は曲げて打つことができないんじゃないかと思い直したものである。おまけに、彼のパットのうまいこと！　わたしのことなどほとんど気にもかけずにプレーしていたが、17番グリーンで2アンド1で試合が終わったとき、彼はやっとわたしに声をかけ、君はとてもタフな相手だったよといい、おかげで君に勝つために17ホールで73も打っちまったとつけくわえた。

その午後、彼はペリーと対戦し、19ホール目でペリーが破ったのだったが、そのホールの第二打をペリーは、前の年にイギリスへ行ったときにセント・アンドリュースで彼の父がつくってくれた短いスプーンで打って見事にオンさせ、パットを沈めたのである。

「クソいまいましいガキどもが多すぎるぜ」

と、コモドアがクラブ・ハウスへ引きあげながら呟いているのを、わたしは耳にした。もちろんそのガキどもの中にわたしも入っていたのだろうが、彼を破ったのはペリーだった。

コモドアに敗れたためにわたしは第二フライトに入れられ、一番背の低い人で6フィート2インチもある相手三人と対戦するはめになった。最初がクラレンズ・ノールズという6フィート3インチ、220ポンドもの巨漢で、そのころ南部きっての飛ばし屋だった。こういう人たちと一緒に試合をしているわたしの姿は、ずいぶん珍妙なコントラストをなしていたに違いない。わたしときたらたった十三歳で、髪が薄くてずんぐりした類の赤い中学生にすぎず、しかも彼らに半ズボンをはく年ごろだと思われるのがいやで、長ズボンでプレーしていたのだから。

ともかくも、わたしはその大男たちに勝って、36ホールでの決勝戦でナッシュビルのフランク・クラークと対することとなった。午前中、彼はパットをことごとく沈めて、76でラウンドした。それはアマチュアのコース・レコードを書きかえるスコアだった。昼食のときすでに3アップしていた彼は、午後に入って27ホール目で4アップにしたが、それからの4ホールをわたしが奪い返してタイとなった。

両親はギャラリーにまじって観戦していたが、きっとわたしのことを誇らしく思ってくれているだろうと考えたりしていたら、たちまちつづく2ホールをとられてしまった。連続4ホールをとってタイにしたときには、わたしはもう試合に勝ったと思いこんでいたのである。だから、残り3ホールというところで再びリードされたとき、わたしは恐慌をきたしてしまった。34ホール目、グリーンの外から古いがらくたのゼニス・アイアンでチップ・インさせ、もう一度タイにもどす希望をつないだが、それも相手が30フィートのパットをきめるまでの束の間にすぎなかった。次のホールでわたしはボールをバンカーに打ちこみ、ハーフにはしたものの、2アンド1で相手方の勝利に終わったのだった。スコアは78くらいだったと思う。両親は立派だったといってくれたが、自分ではとても自慢できるような気分になれなかった。

いま振り返って、わたしはそのとき、痛切に思ったことを思い出す——オレももう十三歳だ、それなりに時をムダにして、何の勝利もおさめてないじゃないか！　小さいジュニア選手権ぐらいに勝ったにすぎないのである。家族に対して、スチュアート・メイドンに対して、アトランタ・アスレチック・クラブに対してひどく面目を失ったように感じていた。そのうえ、応援してくれた人すべて、物すべてに対しても恩に報いてないような気がしたのだ。長ズボンをはいて、工業学校へ通っていながら、一度も優勝していないとは！　そういう気持ちがあったから、この南部選手権のときほど勝ちたいという思いにとりつかれたこともない。もう試合が始まる前から、チャーリー・デクスターとか、ループ・ブッシュとか、ネルソン・ホイットニーとかを相手に勝って、優勝できるものと思いこんでいたようだ。

そのころわたしは人に敬意を払うということを知らず、考えることが幼稚で、人生経験もなかった。ゴルフも所詮は勝負にすぎず、モーズ・ノールズのようなロング・ドライブが打てないとしても、ピッチでピン傍へ寄せればいいんだと思いこんでいたのである……。ともあれ、南部選手権で220ポンドもあるモーズを破ったのは、19ホール目だった。彼は50ヤードもわたしをアウト・ドライブし、一方のわたしは第二打でグリーンまで届きもしなかったが、短いピッチでピンにぴったりくっつけて勝ったのだった。

バーミンガムのルーバック・カントリー・クラブで開かれる大きな招待試合に出場させてもらえるかもしれないと父から聞いたとき、わたしの自惚れはふくれあがって何倍にも増幅されたものだ。そしてこのルーバックは、わたしが初めて勝った大きなトーナメントの開催地として、今後もずっと好きなコースでありつづけるだろうと思う。

第二回戦で、ペリーとぶつかった。そのときから数年間にわたって、わたしたちは何度となく正式の試合で顔を合わせることになるが、それが最初の対戦で、わたしが2アンド1で彼を破った。父は同じ二回戦で、南部がかつて生んだもっともスタイルの美しいプレーヤーのひとりである、ニューオリンズのループ・ブッシュと凄絶な戦いを展開して勝ち残った。決勝戦でわたしは、以前イエール大学の選手だったビル・

バッダムと顔を合わせ、取ったり取られたりの角逐《かくちく》を繰り返し、21ホール目までもつれこんだ……何て頑強な相手だろうと思ったことをよく覚えている。わたしはとてもいいゴルフをしたが、相手はともかくねちっこくて、わたしがちょっとしたミスをすると、たちまちホールを奪ってしまう。まったく理不尽なように思えた……が、エキストラ・ホールの3ホール目でピッチ・ショットがぴったりくっついて、やっと勝てたのだった。

この試合の勝利が、招待試合やクラブ選手権競技に熱中させることになったようである。ルーバックにおけるわたしの優勝で父はすっかり興奮し、その年と翌一九一六年に近隣で開かれた大きい招待試合のほとんどに、出場させてくれた。イースト・レイクでデーヴィズ・アンド・フリーマン・カップに勝ち、一九一五年度のクラブ選手権も獲った。

そのちょっと後、ドレード・ヒルズのクラブ選手権にコース・レコードを更新する73を出して優勝し——わたしにとっては初めての——金メダルをもらったが、その年のうちにどこかのコースでそのメダルをなくしてしまった。キャディをふたり頼んで、ラウンド中にショットをしたすべての地点を捜してもらい、わたしがプル・ボールを打ってしまった4番ホールのラフでいったんは見つかったものの、またどこかで落とし、今度はついに出てこなかった。

一九一五年度のクラブ選手権の決勝では、アーチャー・ディヴィッドソンと戦った。彼は大男でロング・ヒッターだったが、おそろしくプレーが遅かった――おそらく彼はこれまでに、一日に36ホール回れたことがないのじゃないかと思ったくらいである。が、ともかくわたしは勝った。先日、古い写真を見ていたら、その決勝戦の後で撮った彼とわたしの珍妙な写真が出てきた。彼は一フィートぐらいも背が高く、わたしはイングランドのチェシャー猫みたいに歯をむきだして笑っているのだ。そして、彼の姿の下には〝準優勝者〟、自分の姿の下には〝優勝者〟と子供っぽい字で書いてある。まったくいけ好かない生意気な子だったのだ。

それと、当時のわたしはメカニックにも興味を抱いていたようだ。写真をしまっておいた同じ箱の中に、組み立て玩具でつくった高さ2フィートほどの風車を違う角度から写した写真が三枚入っていて、これにもやはり同じ稚拙な字で〝R・T・ジョーンズ・ジュニアの手によってつくられし風車〟と書かれてあった。世間の人はよく、わたしがゴルフ以外のことはしたことがないと思っているようだが、わたしは自分が痴呆でも、ゴルフをやるためだけに生まれてきた存在でもないことを確認できて、非常にうれしいのである。

一九一六年、この年はいくつもの試合の連戦と、やむことのない腰痛とで始まった。腰痛が起きたのは、モントゴメリーの招待競技の準決勝でペリー・アデアと顔をあわせ、ふたりで戦ったどの試合よりも華々しいプレーをくりひろげたすぐ後のことである。その試合でわたしはアウトを33で回って3アップし、勝負はもう自分のものだと胸算用していた。それから、ペリーがちょっと類のない大爆発を起こしたのだ。17番ホールではスタイミーの不運に見舞われながらインを33であがり、最終ホールで1アップとして、わたしを破ったのである。このブロンドの髪の小さな悪魔め——人から聞いたところによると、もっと後になって一九二三年、ルーバックでの南部アマチュア選手権で、大量リードをしていたフランク・ゴードショーを追いあげて逆転したときのペリーの当たりときたら、わたしとの試合での猛チャージをはるかに超えていたそうだ。彼はパー37の9ホールを33であがり、あっさりコース・レコードを破ってしまったという。そのときの彼は目にしていないが、モントゴメリーで示したプレーぶりだけで十分すぎるくらいである。ともかくそれは、わたしがそれまで遭遇した激しいゴルフのうちでも、もっとも激しい嵐のごときものだった。それでわたしは、なぜ彼がディキシーの怪童と呼ばれるのかが納得できたのである。

父は相変わらず、わたしを疲労困憊させるのに熱心だった。ノックスビルへ送りこんで、チェロキー・クラブでの招待試合に出場させた。そこで腰痛が起こり、丘を降りるのに横向きになって足を運ばなければならないほどの激痛に襲われた。悪いことに、チェロキーはアップ・ダウンが多いコースである。わたしはボールをひっぱたくことができず、しかしその結果として、ドライバー・ショットはほとんどフェアウェイをはずれることがなかったのである……そのころ、ドライバーが悩みの種だった。ピッチはいまよりずっと巧くできたし、アイアンもちゃんと打てていた。しかし、ドライバー・ショットではボールがどこへ飛んで行くのか、まるで自信が持てなかったところだったのである。

パッティングについていえば、その難しさに関して底知れぬ無知でいられるほどの至福の状態にあって、小さくて重い木製のヘッドでセンター・シャフトのトラヴィス・パター[注12]を使い、どんな遠い距離からでも自信満々、ホールを狙ってボールを打っていたものである。15フィートのパットをはずそうものなら、猛烈に腹がたったくらいだったが――ああ、神よ――それから数年たって、パッティングがどれほど難しいものであるかを悟ったとき、いかに惨めな気持ちで当時の自分を思い返してみたか！一九二〇、二一、二二年のころ、わたしは3フィートのパットが入るようにと、神に祈りたいくらいだった。一九二三年になって、インウッドにおける全米オープンでボビー・クルックシャンクと首位タイにしてくれたのは、ほんの短いパットだった。

……が、これはまだ先の話である。

チェロキーの招待試合をわたしは最終ラウンドを73で回って勝ち、この年はカントリー・クラブで行われたバーミンガム招待競技でも、最終ラウンドを69であがってジャック・アリソンを2アップで破り、優勝した。ホール・イン・ワンが必ずしもゴルファーの力量を評価する目安にはならないことを発見したのは、この試合のときだ。ホール・イン・ワンは昨今、議論の対象となったり話題の的となったりしてかまびすしいものがあるが、このときの予選で、友人のウェッブ・クロフォードは1ラウンドで二回ホール・イン・ワンを達成しながら、あがったスコアは、101だったのだ……わたしはホール・イン・ワンをやったことのある人と、ずいぶん一緒にプレーしている。ウォルター・ヘーゲン[注13]が初めてホール・イン・ワンをやったときは一緒だったが、彼はそれ以後、一度もやっていない。わたし自身は一九二七年にたった一回、やっただけである。もちろん、フランク・ミードアとゴルフ遊びをしていたころに、2番ホールに見たてていた道路脇の広い溝で達成したのを除いての話だ。当然、あれは数えるわけにはいかない。

この年、わたしは三つの招待試合に勝った。イースト・レイクでの試合では決勝戦でペリーを破って優勝したのだが、その日はずっと雨が降りつづけていた。わたしはとてもいいゴルフができていたにもかかわらず、向かい風のときはスモール・ボールを、追い風のときにはラージ・ボールを使ったものだ。

ところで、八月にアトランタのキャピタルシティ・クラブのブルックヘブン・コースで、第一回目のジョージア州アマチュア選手権が開かれた。わたしが全米の大会に出場できるようになったのは、この試合の結果だったといっていいと思う。参加した若者の間ではペリー・アデアとシンプソン・ディーンが人気株で、年季の入ったベテランたちは中途で敗退していった。恐ろしいほど激烈な試合だった。

わたしは準決勝でシンプソン・ディーンと対戦した。彼はローマからやってきた青年で、後にプリンストンの選手として有名になった人だが、試合のほうはわたしが5アップしてリードし、ドーミー・ホールにきたところから彼の巻き返しが始まり、わたしは歯ががたがた震えるほどだった。あれよあれよという間に14、15、16番ホールとつづけて彼が取り返し、17番グリーンでも5フィートのパットを入れればそのホールに勝つところだった。彼のパットは正確にラインに乗って転がった……がボールはひと転がり足りずに止まってしまった。嗚呼——彼は自分に愛想がつきたのではなかったろうか。

「3フィートもオーバーしたっていうんなら」

と彼はいった。

「仕方がないさ。だけど、ショートさせるなんて……」

かくしてペリーとわたしが最後に残り、ふたりは新聞が新しい歴史をつくる激闘と呼ぶような試合をした。午前のラウンドはペリーが好調で、昼の休憩のときには3ダウンしていた。わたしは自分を裏切ったパッティングに腹が立っていたので、牛乳を一杯とサンドイッチで食事をすますと18番グリーンへ行って、スタートまでの一時間ほど、ピッチとパットの練習をしていた——考えてみれば呆れるような無謀さだが、子供だからこそできたことであろう。

競技委員長のラルフ・リードがこの一件について、おかしな話をしてくれた。彼のいうところによると、外へ出てきてわたしが練習しているのを目にし、午後のラウンドを見るためにギャラリーがたくさん集まってきてるよとわたしに伝え、試合が途中で終わっても、最終ホールまでプレーしてほしいといったのだそうである——もちろん、ペリーが勝った後で、という意味である。そうしたら、わたしはこう答えたというのだ。

「心配ないですよ——ホールなんて残らないでしょうから」

結局は最終グリーンで2アップでペリーに勝てたので、この話も面白味が出てくることとなった。

午後のラウンド、わたしは3ダウンでスタートし、最初のホールの第二打目を林の中に打ちこんで、たちまち4ダウンになってしまった。しかし、そこから大逆襲をかけ、1番ホールで6を打ったのも含めて70ぐらいのスコアで回ったのだ。3番でバーディの3をとって1ホールを返し、そこから3ホールはともにパーで分け、7番の長いパー5ホールを4であがってまたひとつ取りもどした。

ペリーの敗因は、8番ホールで入れれば勝ちという4フィートのパットをはずしたことだったろう。わたしはかつて意識したこともないくらい緊張していた。もしそのホールをペリーがとっていたら、ほとんど勝負はついていたはずである。それを彼がミスしたために分けになり、わたしは2ダウンのままですみ、そこからずっとパーをつづけて最終ホールで勝つことになった。この試合はモントゴメリーでペリーがわたしに勝ったときほど華々しくはなかったが、ふたりの勝負の中ではもっともせりあった戦いだった。

この試合の成績のおかげで、フィラデルフィア近郊のメリオン・クリケット・クラブで行われるその年の全米アマチュア選手権に、初めて出場する機会に恵まれた。ブルックヘブンでわたしのゴルフを認めてくれたリード氏が、参加するだけの力があることを強調してくれたためである。そして、アデア氏がペリーとわたしを連れて行ってくれることになったのだ……。

注12　トラヴィス・パター
　オーストラリア生まれで後にアメリカに渡ったアマチュア・ゴルファー、ウォルター・トラヴィス（一八六二〜一九二七年）が使っていた〝スケネクタディ・パター〟のこと。木槌型のヘッドをした、センター・シャフトのパターである。全米アマを三度制したトラヴィスは全英アマのタイトルを狙って一九〇四年に渡英、この妙な形をしたパターで英国人を驚かせたあげく、見事、狙いどおりタイトルを獲得した。

注13　ウォルター・ヘーゲン
　ニューヨーク州チェスター生まれの、アメリカ・プロゴルフ界の巨星のひとり（一八九二〜一九六九年）。一九一四年に全米オープンに勝ったのを皮切りに、このタイトルを二回、全英オープンを四回、全米プロを五回勝つなど、ジーン・サラゼンとともにアメリカのプロ・ゴルフ草創期を賑わせた。

1915年頃のボビー・ジョーンズ
13歳から14歳のころ

第四章　全米アマチュア選手権の壁

一九一六年、フィラデルフィアのメリオン・クリケット・クラブで開かれた全米アマチュア選手権に初めて出場することになったが、わたしがまだ年端もいかない子供であることが、さまざまな議論をまきおこした。なにしろ、そのときわたしはわずか十四歳と六カ月、身長5フィート4インチ、体重165ポンド——体はずんぐりむっくり、内股で、髪の毛の白っぽい少年で、長ズボンをはいてプレーしていたのである。しかも、メジャー・トーナメントの厳しさについても、南部地方のねっとりとしたバーミューダ・グラスとはまるで違う北部のグリーンについても、まったく無知だった。さらにまた、たとえ州選手権にしかすぎないとはいえ、やっと本物のタイトルを獲ったばかりでもあったし、思いあがってもいた。わたしは試合への興奮と好奇心がいっぱいで、目を輝かせていたのだ。

そのシーズン初めには腰痛に悩まされて二週間も紫外線療法にかかったが、それも治って二度と再発しなかった。メリオンでは、当時のアマチュア・チャンピオンだったボブ・ガードナーとか、ミネアポリスでの全米オープンに勝ったばかりのチック・エバンスとかの偉大なプレーヤーたちも出場していたが、それまでわたしは誰ひとり顔を見たこともなかった。いま思い返してみるかぎり、そういう大選手たちに対して、何の恐れも感じていなかった。恐れるだけの判断力も経験もなかったからである。アデア氏とペリーとわたしは、フィラデルフィアのベルビュー・ストラトフォード・ホテルに宿をとって、ゴルフ場までは郊外列車で通った。それはわたしにとって生まれて初めての家を離れた大旅行だったし、とても愉しいものだった。

最初の練習ラウンドで、わたしたちは西コースを回った――当時もいまもメリオンにはふたつの見事なコースがある――が、これほど美しいグリーンを見たこともなかった。まるでビリヤードの台のようで、その上でパットするのがうれしくて躍りだしたいくらいだった。とはいうものの、グリーンの速さときたら呆れるほどで、いまでもはっきり覚えているが、6番ホールのちょっと受けているグリーンに向かって小川越えに短いピッチ・ショットをし、ボールはグリーンの真ん中辺りにあるホール・カップの上、30フィートほどのところに止まった。うっかりグリーンの速いことを忘れ、トラヴィス・パターでしっかり打ったら、何と驚いたことにボールはホールを通り過ぎたばかりか、加速がついて川の中まで転がりこんでしまったのである。川のちょっと向こうから、四打を費やしたわけだ――思いもかけない大失敗だった。

いよいよ試合が始まって、予選は二組に分けられた。一組は東コースで朝のラウンドをし、もう一方が西コースをプレーして、第2ラウンドでは入れ替わるわけである。わたしは第1ラウンドで西コースを回り74であがったが、これは全選手の中でベスト・スコアだった。昼食を終わって東コースへ行ったら、南部からきた少年がトーナメントの首位にたっているという噂が広まっていて、ほとんどすべてのギャラリーがわたしの組についてきた。

何てことか——わたしはすっかり脅えてしまった。午後は反対に89も叩いてしまい、トータル163となった。いまなら予選カット・ラインより十打も多いが、当時はそれでも楽に通れたのである。ペリーは167でプレーオフに臨んで予選を通過し、本戦の最初の試合には勝ったものの、次の試合で敗れてしまった。抽選の結果、わたしの一回戦の相手が前全米チャンピオンのイーベン・バイヤーズと決まり、みんなは最初の試合にこんな大物と組み合わされるなんて不運としかいいようがないと慰めてくれた。が、アデア氏はわたしの背中を強く叩いて、みんなのいうことなんか気にしちゃいけないといった。

「ボブ・フィッツシモンズ翁がいつもいってたことを思い出すんだ」

と、忠告してくれた。

「大きいものほど、滅びるときは壮絶なんだよ」

それは素晴らしい言葉だと思いはしたが、実際問題としてイーベン・バイヤーズという名前は、わたしに対してどんな意味ももっていなかった。まだ世間知らずの子供にすぎず、ゴルフの重圧に押しひしがれることもなかった——というより、わたしはまだゴルフの重圧を知らなかったのだ。

バイヤーズ氏とわたしは、ひどいプレーをした。彼は経験豊かなベテランで、こちらはほんの駆けだしの新人だったが、感情の表し方においてはまったく同じようだった——ミスをすると、クラブを放り投げるのである。この悪習によって後々わたしは終わることのない批判にさらされることになったし、そのうちのいくつかには気持ちを深く傷つけられもした。というのも、わたしが感情をコントロールするようになって、耳朶《じだ》が赤くなる以外に外見上の証拠はなくなってからも——いまでも易しいショットをミスするとカッとして耳朶はやはり赤くなる——わたしの気質について言及する記事を読まされつづけたからである。

自分の気質について読んだこれらの記事——これではまるで、わたしが道を踏みはずして、評論家たちの目にとまるずっと前からクラブを投げる性癖があったようではないか……いまでもわたしは、かんしゃく持ちの少年のとっぴな振舞いが批判の対象にされる一方で、その少年より二倍も年上の、あるいはもっと年配の偉大なゴルファーたちが見せた、同じような不謹慎な態度についてはほとんど書かれなかったという事実は、いささか理屈に合わないことだと思っている。バイヤーズ氏がクラブを投げることに関しても、ちょっと触れられた程度にすぎないし、その後もわたしたち以外にもクラブを投げだす全米チャンピオンは何人も目にした。二年前にはオークモントの全米アマチュア選手権で、ある選手がパターをすぐそばの森に投げこみ、キャディがそれをとりに行こうとするのを制止したところをみたが、彼は一度ならず全米チャンピオンだった人物である。が、これについて新聞が記事にしたこともないのである。

もちろん、そういう批判が教訓にならなかったというつもりはない。ゴルフ記者たちは、要するにわたしに対してあまりに肩入れしてくれたということなのであろう。そして確かにわたしはゴルフの悪ガキだったと思うし、ときには懲罰も必要だった。たとえば、一九一八年にボストンのある新聞は、アレクサ・スターリング、エレーン・ローゼンタール、ペリー・アデアとわたしの四人がプレー・バーンで赤十字寄付試合に出場したとき、ありがたい記事を書いてくれた。わたしはその種の記事もすべてスクラップ・ブックに残してあるが、そのときの記事は次のようなものだった。

「この試合ではたいへん興味深いプレーが見られたが、ときどきジョーンズによる悪ふざけが興を削いだ。もしこの選手が将来、わが国の最高位を占めることを望むならば、この悪癖は直さなければならないであろう。ジョーンズはまだ少年であるとはいえ、ゴルフが意のままにならないときに感情をあのように爆発させてしまっては、ギャラリーにアピールできない……」

それはメリオンから二年後のことだったが、自分の激しい感情を抑えられるようになるには、それからまだ一、二年もかかったのである。易しいことではなかった……これはゴルフをやらない人にはわかってもらえないし、ゴルフはやってもわたしと同じように激しやすい気質の人でないと、理解してもらうのが難しい。ともかく、わたしは一度だって、試合の相手に対して感情を表したことはない。自分に対して腹が立つのである。そのころもそうだったし、いまでもそうだが、百回やっても失敗しないような易しいショットを、ここでは絶対に失敗してはならないというときにミスをしでかすとしたら、とても我慢できないことではないか。しかも、そのストロークはもはや永遠にとり返しのつかない過失であって……確かスチーヴンソンの言葉だったと思うが、悪者と馬鹿とでは馬鹿のほうが先にやってくるとか。自分が本当に馬鹿だと感じたり、蹴とばしたくなるような下手なゴルファーだと思ったりした場合、クラブを放り出す以外に何ができるというのだろう？　……いや、そうだ、あの二、三年後チック・エバンスがわたしについて書いて、彼は自分の感情を賢明に克服したのではなく、あまりに素直に制御してしまったのだといったが、これはとてもわたしの役にたってくれる注意の言葉だった。チックの言葉はありがたかったが、いまでもわたしはやっぱり怒り狂うことがあるのである。人前でクラブを放り投げることはやめたが、といって同時に批判は止まったわけではなかった。いったん貼られた悪名は、いつまでもついて回るのだ。一度ついてしまった悪評を正すのがどれほど難しいことか、ひとつの批判を引用して例を示してみよう。

メリオンから四年後、ブレー・バーンから二年後、わたしは十八歳という分別もつきかけた年になって、クラブを投げ出す癖を完全に自分の中から叩き出していた。わたしはトレドのインバネス・クラブでの全米オープンに初めて参加し、ハリー・バードンと一緒に予選ラウンドをプレーした。最終ホールでわたしはそれまでのよかったラウンドをぶちこわし、4フィートのパットをはずして惨めな6というスコアをマークしてしまった。わたしは激昂した。気も狂わんばかりだった。しかし、それを外に表したわけではない。カップの縁に止まってしまったボールをホールに入れ、パターをキャディにトスした。ところがキャディがこちらを見ていなかったために、パターがグリーンの上に落ちてしまったのである。翌日、新聞にはこう書かれていた――わたしが短いパットをはずし、怒りに駆られてクラブをまたしても放り投げ、18番グリーンの芝を傷めた……。これには参ったものだ。

しかし、ともかく――わたしはもう、人前ではクラブを投げたりはしない。ごくときたま、父やチック・ラドリー、テス・ブラッドショーなどと内輪で回るときには、放ったりすることもあるが――正直にいうなら、そうすることによってわたしは救済されるような気分がするのである。

決していい趣味とはいえない言い訳をしてしまったが、話をもとにもどして一九一六年のメリオンにおける第一回戦の話をつづけよう。バイヤーズ氏とわたしは、じつに見下げ果てたプレーをくりひろげた。思うに、わたしが勝てた最大の理由は、彼のほうが先にクラブを放り出したことだったろう。すぐ後のパーティでプレーしていた誰かが後で話してくれたところだと、わたしたちはまるで奇術でもやっているみたいだったそうである。12番ホールでは、バイヤーズ氏はとうとうアイアン・クラブを境界の外へ投げ棄てて、キャディが取りに行こうとするのも許さなかった。結局、わたしは3アンド1で勝ちはしたが、全米アマチュア選手権におけるデビューが成功したというのに、意気はすこしも高揚しなかった。勝てたのはまったくの幸運であり、自分のプレーからすればボロ負けして当たり前だということがわかっていたからである。

第二回戦では、すこしは巧くプレーできた。相手はいくつもの州や地方の選手権を持っているフランク・ダイヤーだったが、スタートから猛ダッシュして、6ホールを終えたところでもう5ダウンさせられていた。わたしは頭がくらくらしてきた。

「これが大リーグのゴルフっていうものか」

と思ったのを覚えている。

しかし、それからフランクがいくつかミスを重ねて、彼もやっぱり人間なんだと思ったとたんに、わたしのゴルフがよくなりだした。9ホールを終えて折り返すときには3ダウンまで挽回していて、18番のティーに立ったときには、もしここを4であがればインは32というぐらい快調なプレーで、しかもすでに1アップしていた。わたしはプレーをとても楽しんでさえいた。

このティーから、ふたりともボールをフックさせてしまった。行ってみると、ひとつのボールは打ちやすいマウンドの上にあったが、もうひとつのほうはそのマウンドの下の、何とも厄介なところに止まっていた。ふたりはレッド・オナーという同じボールを使っていた。わたしのやつは、2番ホールで境界の外へ飛びだしたときに、道路のコールタールがついていた——当時はいまと違って、ボールのセンターに狂いが生じているかもしれないからと、6ホールごとにボールを替えたりはしていなかったのである。ともかく、わたしはボールを確かめようともせず、マウンドの下のボールを自分のものと思いこんで、力一杯かっとばしたのだが、これを大ミスしてしまい、6を叩いてホールを奪われた。ホール・アウトしてから見ると、わたしは彼のボールを、彼はわたしのボールをプレーしていたことが判明したが、いまさらどうなるわけでもなく、ふたりは誤球したままプレーし、わたしの負けだった。こういう次第で第2ラウンドをイーブンでスタートしたが、4アンド2でわたしが勝った。

このころになると、ゴルフ記者たちがわたしに注目しはじめていた。しかし、彼らが書いた記事のいくつかには、まったく阿呆らしいという気にさせられたものである。わたしのくたびれた靴とか、ほこりまみれのズボンとか、幼い顔つきだとか、触れられたら不愉快な個人的なことばかり書きたてるのだ。それまで靴やズボンのことなど考えてみたこともなかった。わたしにとってゴルフは着飾ってやるゲームではなかったし、これほど大勢の人に身近に眺められながらプレーするのは、まったく新しい、途方に暮れるような体験だった。自分の顔のことなど気にもしていなかったのに、ズボンはおろか、顔までもこのままで写真に撮られるのはいかにも下品なことみたいに思えた。ギャラリーの数は、当然ながらこれまで見たこともないくらい多く、その中に知ってる顔といったら数えるくらいしかいなかったが、不思議と誰もがわたしには親し気に見えた……なるほど、この北部の人《ヤンキー》たちはとってもいい人なんだろうな、と思った記憶がある。

ともあれ、こうして二回戦を通過し、三回戦では当時チャンピオンだったボブ・ガードナーとあたった。この対戦にはおそろしいほど多くのギャラリーがついてきたが、この試合については、すこしばかり詳しく説明しておきたい。というのも、わたしが後に絶えず注意するようになった、ある重要な意味がひそんでいたからである――この試合で、初めて自分の幼い頭がチャンスという重圧にのしかかられ、白状するなら、その下にひれ伏させられてしまったのだ。

ボブ・ガードナーは、指を怪我していた。このハンディキャップのおかげでプレーは正確性を欠き、最後にはチック・エバンスとの決勝戦で敗れ、選手権を失うことにもなったといえるだろう。もっとも、決勝戦のチックのプレーは、素晴らしく見事ではあったのだが……。

午前のラウンド、わたしは76で回って1アップしたが、試合は大接戦で追いつ追われつだった。午後に入っても接戦はつづき、6番ティーにきたときには両者イーブンになっていた。このホールの第二打を打ち終わったとき、わたしのボールがピンから5ヤードにグリーン・オンしたのに対し、ガードナーのボールはグリーン右奥の、アプローチの難しいところにいってしまったので、これでまたリードを奪えるだろうと思った。ところが、彼はそのアプローチをピンにデッドに寄せて、引き分けにもちこんだ。

次のホールのグリーン、わたしのボールはピンの下15フィートにオンしたが、彼のボールは左にはずれていた。それをまた彼はぴったり寄せて、ハーフにした。わたしは落胆したりはしなかった。いつまでもあんなプレーがつづけられるはずがない、と自分にいい聞かせた。いつかは彼を破ってやる！

8番ホールで、わたしの二打目はピンから10フィートに乗った。これに対し、彼はボールを9番ホールのティー・グラウンドへ曲げてしまった――今度こそ、彼もデッドにはチップできなかった。三打目を打った後でも、彼のボールはまだわたしのより遠く、やっとリードできるぞと思った。絶妙な彼の寄せにもとうとう乱れがきたのだ。リードできるぞ……ところが、どうだろう、ガードナーはその12フィートのパットを沈め、こちらは10フィートをミスし、またまたハーフに持ちこまれてしまったのである。彼は乱れることなどまったくなくプレーできるように思えた。

一方、わたしは我慢しきれなかった。均衡が破れるときがきた。が、それはわたしが破ったのではない。わたしの幼い頭に血がのぼり――そして、屈した。簡単にいって、わたしは吹きとんでしまったのだ。それからの7ホール中5ホールをボブは獲った。そして15番ホール、彼はドライバー・ショットを境界の外へ曲げたが、20フィートのパットを沈めてパー4をとり、5アンド3でわたしを蹴散らしたのである。

みんなは敗れてなおいい試合だったといってくれた。しかし、それから後でもいい試合をたくさん負けているし、中には完璧に打ちのめされた敗戦もあるが、それ以上にプレッシャーに押しつぶされて負けた試合が多いのだ。それに、メダル・プレーの選手権競技でも、ずいぶん敗れてもいる。それでも、わたしはこのときの敗戦で味わったような思いをしたことがない。それ以後、しだいにゴルフというものがわかりはじめたが、前にもふれたように、それは勝った試合からは学んだことは何もなく、負けた試合からゴルフをすることの意味を悟ったのである。さらに最近では、トーナメントのゴルフに対して、いくぶんか長老派の牧師みたいな態度をとるようになってきているが、どうしてもわたしは宿命論ふうな考え方を捨てられないのだ。

プロ・ゴルファーたちは、トーナメントの勝者についてこういういい方をする――「あれは彼の試合だった」と。試合が終わってから、その勝者の一歩一歩、ホールごと、ショットごとを振り返ってみると、彼がどうしても勝つべくして勝ったのだということがわかる。ここに、このゴルフというゲームのおそろしいばかりの運があるのだ。このささやかな半生記を書き始めるとき、話を進めていく過程でこの運というものについて解明し、読者諸氏に説明できるかもしれないと考えていた。しかし、これは大きい問題である。わたしには、あまりに大きすぎるのだ。ゴルフのメカニカルな面についてなら、いくぶんか理論化して説明できるかもわからないと思うが、心理的な側面については、ほとんど解明できない。ともかく、そのゴルフにおける運というものの背後には――あるいはそれをおおって、誰もが知りえない何かが存在していると思うのである。

それはともかく、みんながいってくれたとおり、あれは確かに敗れてなおいい試合だった。ボブの執拗をきわめるリカバリーに根負けするまでは、いいゴルフをしていたのだ。翌日、ある新聞はこの試合をとりあげてわたしを褒めてくれ、次のように記事を締めくくっていた。

「クラブハウスで自分を待っているアイスクリームの大きな皿のこと以外は何も気にかけず、このジョージアの中学生は、くたびれた靴、ほこりで汚れたズボン、汗がしみになったシャツで、たったいま第三回戦で敗れたというより、全米アマチュア選手権に初めて優勝したかのように、最新のミュージカル・コメディの主題歌を口笛で吹きながら、明るく陽気に、15番グリーンから躍るように歩きだした。彼の頭には、アイスクリームのことしかなかったのである」

もちろん、そうではなかった。混乱していたし、傷ついてもいた。いうまでもなく、ボブ・ガードナーに対してではない。彼は自分のショットが意のままにいかないときも動ずることなくプレーし、わたしがいいボールを打っているときでもプレッシャーを与えつづけていた。思い返してみると、ボブは奇妙な人物だった。雄々しくりっぱで、わたしにはわからない何か特別なものを体現しているようだった。試合をしている間、わたしはずっとボブ・ガードナーに勝てると思っていたが、彼には何か大きくて、烈《はげ》しくて、とても歯がたたないようなところがあった……それがプレッシャーを与えつづけ、わたしを敗戦へと追いやったのだ。宿命というようなことは、当時、わたしにはまったく縁のない言葉だったし、いまでもわたしが思っているようなものではないのであろう。

けれども、クラブハウスにもどったとき――アイスクリームは確かに食べはしたが――彼よりは遥かにいいショットをしているのに、ボブ・ガードナーの側にあって自分を敗北させてしまったものが何であるかを、漠然とながら、繰り返し繰り返し考えつづけていた。いつか自分にも、あの力が働いてくれるだろうか？　わたしは思いまどった。それとも、いつも相手の側に味方するのだろうか？

それは前にもわからなかったし、いまでもわからない。わたしが気がついたことといえば、長い間には、結局、運はどちらにも味方しないということだった――十分に長い間には、である。そしてわたしの場合は、それがわかるまでに七年かかったのだ。

1916年、メリオンGCでの全米アマチュア選手権に初出場。予選でメダリストになるも、決勝第三回戦で敗れた14歳のボビー・ジョーンズ。センセーションを巻き起こした

第五章

プロたち、そして赤十字マッチの旅

メリオンにおける一九一六年度の全米アマチュア選手権が終わって間もなく、アメリカは世界大戦に参戦した。そのためわたしは、あのフィラデルフィアの美しいコースで教えられたゴルフについての深い意味を勉強しなおしてみる機会もないまま、当時は赤十字マッチと呼ばれていた試合と戦時慰問試合にかりだされ、国中を夢見心地で旅して歩くこととなった。

それらの試合にはプロ選手たちも参加していて、後に自分のゴルフ人生の一部として素晴らしい魅力をつけくわえてくれることとなった彼らとまみえる、これが最初の遭遇だった……じっさい、わたしはプロたちが好きである。彼らと一緒にプレーするのが愉しいし、相手に回して戦うのがうれしいのだ。幸運にも彼らに勝てた試合を思い出すと、ほとんど許しがたいほどの誇りを感じるし、そうではなかった試合では、彼らの堂々たるプレーぶりによって自分の精神を洗われるような気がしたものだ。わたしのゴルフ人生でもっとも充実した年となった一九二六年は、かつてなかったほどの感銘深い試合で始まった——それはプロのウォルター・ヘーゲンと一緒だった。ともかくわたしは、マッチ・プレーであるとストローク・プレーであるとを問わず、プロたちと戦うのが好きなのである。

自分が勝つチャンスが少なかったり、まったくないようなオープン競技——たとえば冬季のフロリダで開かれるオープン・トーナメントのような——に参加することについては、これまでずいぶんいろいろと書かれたりしてきたが、いつの場合でも、出場するかしないかは、ほとんど自分自身の勝手な気分で決めてきた。勝つ、あるいは負ける——それがいったい何だというのだろう？　試合に出れば、そこには戦うということの刺戟《しげき》がみちているのだし、わたしを——しかもしばしば——たたきのめしてくれるゴルフの名手たちがいたのだ。どこかで読んで、記憶にくっきり残っている言葉がある——「戦うことの激しいよろこびは、敗れた者の勲章だ」。

わたしにはその〝激しいよろこび〟がどういうものかよくわからない。が、プロたちと戦うことを自分が好きであるとはわかっている。彼らに勝てたときは有頂天になるし、負けたからといって、なぜか苦しんだこともない……いや、めったにはなかったと正直につけくわえておこう。ウォーセスターでの一九二五年の全米オープンのプレー・オフで、ウィリー・マクファーレンに敗れたときは、まったくがっくりきたものだ。しかし、それでも、わたしには敗戦の苦しみというものはなかったといえるのである。もちろん、わたしはあの全米オープンに勝ちたかった。最初のラウンドは77という惨めなスコアを叩いて三十六位だった——優勝のチャンスなしと新聞は断定した——が、次のラウンドで十位に上がり、第3ラウンドで四位、そして最終ラウンドで首位に追いついた。プレー・オフの前半、わたしは幸運にもウィリーとタイで終わり、午後のラウンドに入って9ホールで4ストロークもリードを奪ったのだったが、終わってみたら彼はわたしを破ってしまっていた……こういう負け方をして、自分が傷つかなかったというつもりはない。確かに、傷つきもした。しかし、偉大な相手が、偉大なラウンドをしてわたしを破ったのだ……ともかく、それはまだ先の話である。いまは一九一八年にもどり、赤十字のマッチの話をつづけてみよう。

いや――ちょっと待っていただきたい。一九一七年にわたしは、南部アマチュア選手権に勝っていた。といって、それは戦争が始まった年のことだというほか、さして重要な意味はない。それは六月にバーミンガムのルーバックで行われたのだが、いささかなりと興味の対象となることがあるとすれば、わたしはまだ十五歳と三カ月だった。いずれにしても、これはわたしが初めて手にした地方タイトルだったのである。

わたしは第4ラウンドでニューオリンズの美しいスウィンガー――であり立派なゴルファーでもあった――のルーブ・ブッシュを破り、決勝ではルイス・ジェイコビーと対戦した。彼はこれまで対戦した中でも手強い相手のひとりであり、もっとも精密なゲーム運びをするゴルファーのひとりでもあった。午前のラウンドで、彼を4ダウンに追いこんだが、子供じみた愚かさから、昼食のときにパイ・ア・ラ・モードを腹一杯食べてしまった。

午後のラウンドにコースへ出ていったときには、カロリーの摂りすぎでほとんど眠りこみたいくらいになっていて、始まりの3ホールを連続してとられ、たちまちリードは1アップになってしまった。ルーバックの4番ホールはティーから正確なアイアン・ショットを要求されるホールだが、摂りすぎたカロリーもいくぶんかは消化されたためか、あるいは自分が置かれている窮状に気がついたせいか、わたしは200ヤードぐらいのフル・アイアン・ショットをホールから3インチのところへくっつけて、ここをとった。結局、6アンド5で勝ち、選手権を手にしたのだった……このとき、ジェイクに準優勝のトロフィーを授与したアデア氏がいったことを、わたしは生涯覚えているだろう。彼が話してくれたところによると、長い9番ホールでのこと、ジェイクは第二打をウッド・クラブでフル・ショットをするに際して、あまりに時間をかけて考えていた——たいていのショットのときにもそうだったが——ときに、ギャラリーの中のひとりが他の人にいっているのをアデア氏は耳にしたそうである。

「いったい奴は何を待っているんだ?」

するとと、もうひとりが答えた——とアデア氏は説明してくれた。

「あれはね、ボールの下の草が伸びて、ライがよくなるのを待ってるのさ!」

そういう次第でこのトーナメントに優勝したのだが、ただゴルフをしているというだけのことであって、ゴルフの何たるかについて何も学んでいなかった。ルーバックでの試合では、ピッチ・ショットのコントロールが悪くなって、ボールにスピンをかけて止めるのができなかったことを思い出す。が、これも神の思し召しか何かだろうと受けとめて、1パットで切りぬけられるようにアプローチしようと、全力をあげたものだった。

世界大戦に祖国が突入した一九一七年に、十五歳のわたしは、とにもかくにもチャンピオンというもののひとりになっていた。ライト&ディットソン・カンパニーのJ・A・スコットは、わたしたち四人の子供――アトランタのアレクサ・スターリング、ペリー・アデア、わたし、それにシカゴのエレーン・ローゼンタール――で赤十字への寄付集めのための試合を組んだ。ローゼンタール夫人が、ふたりの女の子の面倒をみることになった。ペリーとわたしはほとんど毎日、ゴルフをしながらアメリカ合衆国の東部をくまなく旅し、幼い愛国者としてもてはやされた――が、わたしには旅の意味しているところがさっぱりわからなかった。自分たちがしていることが、国のためになっているなどとは理解もできなかったのだ。他のことよりゴルフをしているのが愉しいから、プレーしていただけのことである。知らないゴルフ・コースでプレーし、毎日が愉快でならなかった。

ニュー・ロンドンでプレーし、ボストンでゴルフをし、ホリヨークで、エクワノークでプレーした。ニューハンプシャーへ転戦してメイプルウッドで試合をし、ポーランド・スプリングやエセックス――その他いろいろなところでゴルフをした。ある日はアレクサと組み、別の日にはエレーンとペアになったりした……エクワノークで試合をしているとき、ペリーが誕生日を迎えて贈り物にパイプをもらい、喫ったことを思いだす。彼はそれまで、タバコなど喫ったことがなかった。そしたら何と――彼は病気になってしまったのだ！　断っておくと、わたしが病気というのは、イギリス人の仲間たちが病気といっているのと同じ意味である。わたしたちは小さなコテッジに泊まっていたのだったが、スコット氏とわたしはペリーがおかしくなってしまったと思った。彼をつかまえてパイプをとりあげようと、ベッドからベッドへと彼を追い回したものだ……もちろん、そのころわたしはタバコは喫っていなかった。

いまではタバコをかなり喫うし、ときどきゴルフ記者に、タバコを喫うことに関して話のネタにされたりもする。フロリダでウォルター・ヘーゲンがとても立派なラウンドをしたとき、ある記者は、ヘーゲンは71ストロークで回り、わたしは75シガレットで回ったと書いた。ラウンド中にタバコを喫うのを悪い考えだと思っている人もいる。わたしにはよくわからないし、もちろん七十五本も喫ったりはしないが、厳しい試合ともなると、火を点ける回数が多くなることは確かである。火を点け、ちょっと喫い、それから消して捨てる。そういうちょっとしたことが、緊張をたとえわずかにもせよ鎮めてくれるように思えるのだ……タバコが健康に悪いと糾弾してしまうのは簡単なことである。しかし、頭の中に次々に襲ってくる緊張の波をどうしたら抑えられるというのか？　タバコが健康に悪いことを医学的に証明するのは容易なことだろう。が、選手権を争うような試合というのは、主として耳と耳の間で戦われるものなのである。タバコを喫わない人であれば、タバコを喫わなくてもいいプレーができるだろう——たぶん。が、タバコを喫う人の場合は、厳しい試合で難しい局面にたったら、タバコを喫ったほうがいいとわたしは敢えていいたい。テッド・レイはパイプを口から離したことはなかったし、老ハリー・バードンもひっきりなしにタバコを喫っていたことを、わたしは見て知っている。

さて、ペリーとわたしは南部の神童《ディキシーキッド》として次第に認められだした。そのためにシカゴのフロスムーア・カントリー・クラブで、当時の全米アマと全米オープンのチャンピオンだったチック・エバンスと、前の全米アマ・チャンピオンで二年前メリオンでわたしを一蹴したボブ・ガードナーのふたりと対戦する試合が組まれることとなった。

この卓越した名人たちは、わたしたちにとってはあまりに巨大な相手だったが、大きな刺戟を与えてくれた。両者とは後にまたカンザスシティで対戦し、それからセントルイスでは、ペリーとわたしはチックとウォーレン・K・ウッドのペアと戦い、とうとう彼らに勝ってしまった……誰かがペリーとわたしに真っ赤なスイス防衛軍の帽子をくれたのは、このセントルイスでのことだった。わたしはそれがとてもカッコいいと思い、それからの試合ではいつもそれをかぶることにした。ダラスで、ヒューストンで、フォート・ワース——ここでわたしは70をマークしてコース・レコードを破

った と思う——で、ガルヴェストンで試合を重ね、そしてやっと家に帰ったのだった。……わたしにとっては、何ともうれしい旅だった。愉快な時間だった。そしてわたしは、ミックス・フォーサムやら何やら、自分たちのやったことが赤十字に十五万ドルにものぼる寄付をもたらしたのだと聞かされても、さっぱり意味が理解できなかった。ともかく、愉しいだけのことだったのである。

家にもどってしばらくすると、チック・エバンスから電報があった。彼はそのころ、やはり赤十字のために東部地区を回っていたのだが、一緒にプレーしていたウォーレン・ウッドが病気になってしまったため、その代理をつとめてもらえないかというのである。ただちにわたしはニューヨークへ行ってチックに会い、スカースデールでふたりのプロ選手、ジャック・ダウリングとトム・マクナマラの組と対戦した。これはとてもいい試合だったが、わたしたちは1アップで敗れた。それからノース・ショアでまた彼らと戦ったが、今度も2アップでやられてしまった。わがほうはかなりいいプレーをしたのに、相手チームはもっと嚙み合わせがよかったのだ。フォアボールの戦い方には、大きい要素がひとつあるようである。チックとわたしは、ほとんどすべてのホールを同じスコアであがるのに対し、プロたちはひとりが手堅くプレーし、ひとりが果敢にバーディを狙ってショットしてくるのだ。これがフォアボール・ゲームの鉄則というものなのだろう。だからこそ、ハリー・バードンとテッド・レイがあれほど偉大なフォアボールのチームたりえたのである……もしいまウォルター・ヘーゲンとわたしがフォアボールのチームを組めば、けっこううまくいくだろうと思う。両者のゴルフのスタイルが、じつに長短おぎなっているからだ。

それから後で、戦時慰問試合がいくつかあった。まず、ニュージャージー州ニューワーク郊外のバルタスロールで、それからシワノイのニューヨーク・コース、ロング・アイランドにあるウォルター・トラヴィスの有名なガーデン・シティとつづいたが、これらの試合でわたしは初めて、プロたちと正式に対戦することとなった。というのも、慰問試合のために四チーム——アマチュア組と、アメリカ育ちのプロと、スコットランドのプロと、イングランドのプロの組が編成されたからだ。

試合はフォアサムとシングルスである。その緒戦がバルタスロール——ここでは一九二六年に全米アマ選手権が開かれた——で行われ、アマチュア・チームは惨めな目にあわされた。組み合わせは、アマチュア対イングランド・プロ、アメリカのプロ対スコットランド・プロだったが、ノーマン・マックスウェルとわたしの組がジョージ・サージェント、ハーバート・ストロングの組に勝っただけで、わがほうの最強チームであるジュリー・トラヴァースとオズワルド・カービー組は、ジル・ニコルズとシリル・ウォーカー組に1ホールの差で負け、残りの組は惨敗だった。ペリー・アデアとJ・S・ウォーシントン組は、ウィルフリッドとアーサーのリード兄弟に4ポイントの差をつけられて敗れたように記憶している。

午後のシングルスでは、アマチュア・チームも多少は頑張った。トラヴァースはジル・ニコルズから3ポイントを奪って勝ったし、わがほうの十一番目と十二番目の選手だったG・P・ティファニーとロバート・ガスミーは、H・ハリスとゴードン・スミスを相手にそれぞれ3差、5差で勝ち、わたしはといえばシリル・ウォーカーと大接戦を演じた。最初の3ホールを彼が奪ったが、救いだったことはわたしの感情のなりゆきだった。クラブを投げ出すこともせず、突然のようにスコットランドの詩人R・L・スチーブンソンが『バラントレーの世継ぎ』の中で「内にあって燃えあがる怒り」と表現したような情念に憑かれたのである。ともかくわたしは、つづく6ホールを4―3―4―4―4―2という途方もないスコアをマークし、5ホールを取ったのだ。シリルはアウトをパープレーの37であがったのに、2ダウンしていた。リードを奪って気分も落ち着き、いつものゴルフにもどったが、シリルは結局追いつけず、わたしは1アップで勝ったのである。

初日が終わって、各チームの成績はイングランドが44、アメリカ39、スコットランド14、そしてアマチュア・チームが13ポイントだった。

幸運だったことに、この戦時慰問金募集のためにプロ選手たちと戦った三日間を通じて、シングルスでは一試合も負けなかった。いま振り返ってみても、わたしはとてもラッキーだったと思うが、一方、フォアサムではどうも思うようにいかなかった。パートナーがひとつのボールを交互に打っていくというこのゲームは、ペリーとわたしにとってはまったく初めての体験で、そのためかずいぶんちぐはぐな試合をしたものだし、一度は惨めな大敗も喫してしまった。が、勝っても負けても、フォアサムの試合は楽しかった。シワノイにおける第二日目、わたしたちはジョージ・シンプソンとアレックス・カニンガムを相手に戦ったのだが、どちらの側も冴えたゴルフができなかった。アレックスはわたしとよく似た気質のようだった。彼がしくじるとジョージがからかっていたが、15番ホールだったかで彼は18インチくらいのパットをミスすると、パターを100ヤードも先の林へ投げ飛ばしてしまったものだ。わたしが見た中では、クラブ投げの最長距離である。

翌日、ペリーとわたしはガーデン・シティでジャック・ダウリング、エメット・フレンチ組と対戦した。が、もっぱらわたしの調子が悪いせいで、わがチームはひどい試合をするはめになった。ペリーがフェアウェイにドライバー・ショットをすると、次はわたしがボールをラフに打ちこみ、憐れなペリーがそれをコースにもどしても、わたしがまたバンカーへ落としてしまうという始末だった。たまにペリーがラフにボールを打ちこんだりすると、今度はわたしがそれをフェアウェイの向こう側のラフまでかっ飛ばしたりもした。こんなプレーぶりでガーデン・シティが克服できるはずもなく、わたしたちは18ホール・マッチで8アンド7という大差で惨敗したのだった。

わたしがゴルフというゲームの心理学的側面について、いささかなりと認識することがあったのは、戦時慰問試合が始まる直前、ペリーとわたしがふたりのプロ、ジャック・ホーベンスとニッパー・キャンベルを相手に、36ホールのストローク・ゲームをしたときのことである。わたしは自身満々でともにパー4の1番、2番ホールを3であがって、たちまちリードした。

「なあ、ボビー」

とジャックがいった。

「18ホールをずっと3で回ったら、54であがれるぜ」

思い返してみると、その後、わたしの当たりはまったく悪くなってしまい、あがってみたら80という悲惨なスコアだった。奇妙なこととはいえないだろうか？　3であがろうと思ったら、とたんに5か6しか出なくなってしまったのである。

さて、チック・エバンスとわたしは、ニュー・ブリテンでジョニー・アンダーソンと、ジュリー・トラヴァース組と戦い、5アンド3で勝った。わたしは71でプレーしたが、これはあのころのベスト・スコアだった。そう、当時わたしは、大したスコアはめったに出なかったのだ。チックとわたしは、アンダーソンがマックス・マーストンと組んだチームをも、バルタスロールで破った。

この一九一八年という年に、自分がいったい何試合ぐらいしたものか知りたいものである。確かに充実した年ではあったのだが、なにしろまだ十六歳の子供にすぎなかったし、スイス防衛軍の真っ赤な帽子と、ときどき新聞に載る自分についての褒め言葉が得意でならなかったくらいだから、さまざまなツアーのスクラップ・ブックをつくろうとも思わなかった。いまでも残っているものといえば、わずかな新聞の切り抜きと、数枚の写真――それとスイス防衛軍の帽子だけで、後はおぼろな記憶だけだ。思い出す中でもっとも印象が強いのは、プロ選手たちと戦うのがいかに愉しかったかということである。

そういうわけで、この思い出話もおぼろな記憶にもとづいているのだが、選手権試合や重要な試合ではないにしても、たいへんめまぐるしい時期だった。そして、翌一九一九年、正式の大舞台へと登場していくこととなる。

一九一九年という年を、自分ではいつも準優勝の年として考えている。禁酒法が制定される一週間前にそれを見計らって開催された南部アマチュア選手権で、わたしは準決勝まで残っただけだった。その準決勝でネルソン・ホイットニーと対戦し、前半の18ホールは互角でプレーしながら、終わってみたら6アンド5で軽くひねられてしまった。彼は決勝でルイス・ジェイコビーを破って優勝した。つづいてわたしは、カナディアン・オープンに参加した――が、この年はこの試合に出場した者全員にとって、不運であったといえるだろう。

というのも、この年の春にドレード・ヒルズ・ゴルフ・クラブへ移ってきた、誰も知らない、しかし人づきあいのいい小柄なイングランド人の故ダグラス・エドガーが、どこのナショナル・オープンでも過去、何人もマークしたことのないようなスコアで優勝をさらってしまったからである。彼は72―71―69―66のトータル278でラウンドし、ジム・バーンズ、カール・ケッファー、それにわたしがマークした294という、このハミルトン・コースにおけるプレーとしては決して悪くないスコアを、何と16ストロークも引き離したのだ……わたしは最終72ホール目で3パットをしでかし、単独二位になるチャンスを潰してしまった。

……それにしても、66とはどういうことか！　わたしはそのラウンドをほとんど見ていたが、ダグラスはまるで手品みたいにボールをあしらっていた。アウト・オブ・バウンズのほうへ打ったボールが、ドッグレッグ・ホールのグリーンのほうへと計ったように転がっていったりするのだ。すべてが、そんな具合だった。それに彼のアプローチ・ショットは素晴らしく冴えて、12フィート以上もあるパットはたった一度しかなかったほどである。それは300ヤードの12番ホールのことで、彼はドライバー・ショットを1オンさせ、イーグルを狙うロング・パットをはずしただけなのだ。ギャラリーは、彼は大爆発をしてるんだと話し合っていた。

その後、わたしはアトランタの家にもどり、ホーム・コースのイースト・レイクで開かれた南部オープン選手権で、ジム・バーンズに次いで二位になった。パーをとりながら負けてしまうという、ゴルフの厳しさをわたしが思い知らされたのは、この選手権の二日目のことである。わたしたちは第3ラウンドを一緒に回っていたのだが、わたしがパーをつづけている間に、ジムは花火に点火した。4番から6番はパーが5―5―3、わたしはパーであがったのに対し、ジムに4ストロークも遅れをとったのだ。彼は4番でバーディの4、つづく600ヤードの5番ホールでまず第一打を遠く左側のラフへ打ち込み、第二打では反対側のラフへまた打ちこんだが、こちらがやっとパーをとっているというのに、150ヤードほどの第三打をマッシーで直接カップインさせ、イーグルであがってしまった。

次のホールへ進むと、島のように盛りあがっているグリーンのパー3で、彼はアイアン・ショットをピン傍3ヤードにつけ、やはりわたしが辛うじてパーであがったのに、それを入れてしまった。わたしは、次の7番で彼がパーをとったとき、もうがっかりして力も抜けそうだった。ジムは5ヤードのバーディ・パットをはずし、それを見ていたギャラリーは、彼が頭にくるだろうと思った……が、彼は冷静だった。すくなくとも、そのラウンドでは。午後に入って、わたしは彼に追いつきそうなところまでいったが、72ホールを終わったところで1ストローク及ばず、またも準優勝にとどまったのだ。

それからわたしは、ピッツバーグのオークモント・カントリー・クラブにおける、わたしとしては二度目の参加になる全米アマチュア選手権でも、また二位となった。この選手権でわたしは、まったくラッキーだった。というのも、わたしは自分のゴルフがさっぱりできず、準決勝までのどのゲームで敗退しても不思議はないくらいの出来だったからだ。いずれにしても、わたしは決勝戦に残って、そのころはオークモントのメンバーだったデイビー・ヘロンと対戦し、見事にやられてしまったのだが、この試合では、後にずいぶんたくさんの記事が書かれることとなる事件が起こった。

もちろん、わたしはその事件のせいで負けたとは考えたこともない。が、それによって、追撃の芽が摘まれてしまったことも事実なのである。そのとき、7ホールを残して3ダウンだったのだから、長い12番ホールでとり返したとしても、まだ6ホールで2ダウンを挽回しなければならなかった。あのメガホン事件がなかったにしても、わたしは勝てなかっただろうと、いう人がいた。誰にもわからないことである。

ゴルフというゲームは、ボールを打つ前からすでに結果が決められているかのように見えると、わたしは以前にもいった。選手権試合というのは、百万年も前からもう筋書きが書かれていて、選手はただその筋書きどおりにプレーしていくだけなのだ。こういう意見は、馬鹿げて聞こえるだろうか。そう、もちろん選手は筋が決まっているとは知らないだろう。が、みんな操り人形のようにプレーしているだけにすぎず、誰かが操る糸によって動かされているだけなのである……それでわたしは、あのメガホンを持っていた人物は、いったい誰の糸で操られていたのかと思い迷うのだ。

赤十字マッチの旅で、アメリカを転戦した1918年夏。幼馴染で全米女子アマ覇者、アレクサ・スターリング、西部女子アマ覇者、エレーヌ・ローゼンタールらと、パッティング中の球聖（写真上）と、バンカー越えの一打（写真下）／於ニュージャージー州・モンクレアGC

第六章　オークモントで二位に

一九一九年八月、ピッツバーグ郊外の美しい丘陵にあるオークモントは、雹《ひょう》が降るというこれまでゴルフ・コースで出合ったうちでも印象がもっとも強い光景と、予選結果のスコアが、わたしの参加した全米アマチュア選手権の中で一番悪かったことと で、忘れられないところだ。

この一九一九年のオークモントでは、とても奇妙な方法が採られた。土曜日にまず1ラウンドが行われて全出場者が六十四位タイまでカットされ、通過した者は月曜日に36ホールをプレーして三十二名にしぼられたのである。雹は、土曜日に降った。フランシス・ウィメットが最終ホールで、雹の降りしきる中でパッティングに苦しみ、8を打ったのを覚えている。月曜日には雹は降りはしなかったが、スコアは相変わらず伸びなかった。結局はこの年の選手権を握ったS・デイヴィッドソン・ヘロンが、ジミー・マニオン、ポール・チューキーズバリーとともに158でメダリストを分け、次いでわたしが159だったが、160以下で回った選手はそれですべてだった。予選通過スコアは172、ラウンド平均86という悪さだったのである。昔もいまもオークモントは厳しいゴルフ・コースだ。全米でもここほどゴルフのチャンピオンシップにとってふさわしいところもないと、わたしはいまでも思っている。注14

さて、世間ではどう見ているにせよ、一九一九年のこの選手権でわたしの記憶にもっとも鮮やかに残っているのは、自分が決勝戦でデイビー・ヘロンに苦杯をなめたことではなく――もちろん、とてもはっきり自分では覚えてはいるが――長年にわたるライバルであるチック・エバンスとフランシス・ウィメットの間に展開された、素晴らしい戦いである。ふたりは翌年にもロスリンで対戦し、このときは勝敗が逆になったが、オークモントではフランシスもチックも、ともに体調が悪かった。チックは重いリューマチに悩んでいたし、フランシスは熱を出していてオレンジ・ジュース以外受けつけないような状態だった。そういう両者が二回戦で顔を合わせたのだが、天候がまたふたりにとっては望ましいものではなかった。

にもかかわらず、この両者は途方もなく難しいコースで――わたしの覚えているかぎりでは――パーの73よりも1ストロークいいスコアであがり、午前のラウンドをオール・スクェアで分けていたのだ。ボブ・ガードナーとわたしは第一組でスタートし、すんなり試合を終わらせてしまっていたので、わたしはチックとフランシスの午後のラウンドが見られることになった。

最初の9ホール、わたしはただ息をのむばかりだった。オール・スクェアでスタートし、フランシスは9番ホールでひどい6を叩きながら34でアウトを終わったが、驚いたことにそれでもチックに1ダウンしか与えられなかった。チックも35で回ったのである。ふたりはここまでの27ホール、世界でももっとも長くて難しいコースのひとつで、アンダー・パーをマークしていたのだ。

しかし、人間は機械でありつづけることはできない。ふたりとも、最後の9ホールで崩れた――が、不思議なことではないのである。両者のプレーは弛みはじめ、チックがリードされていた1ホールをとり返し、36ホール目のティーでふたりはまたまたオール・スクェアになっていた。わたしはわくわくするような興味と興奮から目をまるくして見ていた。それは巨人と巨人の対決だった。

ふたりは、いいドライブを打った。が、チックの第二打は右のバンカーに入ってしまった。つづいて打ったフランシスの第二打は、左側のバンカーにつかまった。チックはいいリカバリーをし、ボールはカップの10フィート向こうに止まった。フランシスはそのボールの内側、カップの左9フィートについた。チックは入念にパットしたが、ボールは入らなかった。フランシスはそのパットをねじこんで試合の行方を決めてしまった……。彼は翌日、38ホール目まで壮烈な戦いを演じて、ウッディ・プラットに敗れた。

わたしはいいゴルフができなかった。が、決勝戦で負けるまでは、ずっと幸運に恵まれていた。まずマニオンを3アンド2で破り、ボブ・ガードナーを5アンド4でくだしたが、これは前の年の全米アマで5アンド3で彼に負けた返礼だったともいえるだろう。それからルドルフ・ネッパーを3アンド2、ついでW・C・フォーンズ・ジュニアを6アンド4と連破した。その一方で、デイビー・ヘロンがひと試合を除いては大差で楽勝を重ね、順調に勝ちあがってきた。かくしてふたりは決勝で相まみえることになったが、わたしはそれまでのどの試合よりもいいプレーをし、午前のラウンドが終わったときにはスクェアだった。ところが、午後になるとデイビーが長いパットをどんどん決めはじめ、そして12ホール目のティーにきたとき、わたしは7ホールを残して3ダウンを喫していた。

前に説明しかけたあのメガホン事件が起こったのは、600ヤード以上もある怪物みたいなこのホールでのことである。はっきりさせておきたいが、わたしがこの試合で負けて選手権を獲れなかったのは、決してこの事件のせいではない。結局のところは、デイビーがわたしを破ったに違いないと心の底から信じている。しかしそれでも、あのメガホンが長い12番ホールのわたしのプレーに影響を及ぼしたことだけは否定できないことだし、競技委員に対するささやかな実例教育の例としてとりあげておきたいのだ。

ともかく、12番ティーで3ダウンしていたが、わたしがいいドライブを飛ばしたのに対し、デイビーはバンカーに打ちこんだ。さらに第二打のバンカー・ショットもまくリカバリーできなかった。わたしは第二打でブラッシーのフル・ショットで（望むべくは）ボールをグリーン近くまでもっていくか、乗せてしまおうとスウィングに入ってトップまできたとき、ギャラリーの一部が移動するのを目にした競技委員のひとりが、メガホンを口に「フォア！」と大声でわめいたのである。もちろんのこと、彼はわたしではなくてギャラリーのほうを見ていた。そして、彼のつもりとしてはギャラリーの動きをとめ、わたしがショットをしやすいようにしてくれたのだ。が、ギャラリーの動きはいささかも邪魔にならなかった。わたしを奈落の底に突き落としたのは、まさにボールを打とうとしたときに突然響いた「フォア！」という声だった……わたしはボールの頭を叩いてトップし、ボールはバンカーに入り、そこからの脱出に失敗して、ボールを拾いあげたのだ。ひょっとしたら2ダウンにまで挽回できたかもしれないところだったのに、いまや6ホールを残して4ダウンということになってしまっていた。

くり返しいっておきたいが、いずれにしてもデイビーがわたしを負かしただろうことは間違いないと、わたしは思っている。彼はともかく、そのとき最高のゴルフをしていたのだ。にもせよ、あのメガホンの一撃は、わたしにはまるで天使ガブリエルが、いつかは輝く時を恵んでくれるにしても、いまはまだお前の勝つ番ではないのだ、とはっきり告げているように思えたのである……それはちょうど、ゴルフのトーナメントがボールを打つ前から結果がすでに書かれているのだ、と前にいったこととも似ていた……わたしは大事なところでずいぶんミス・ショットもした。相手に長いパットを沈められるのも、たびたび見てきている。あるいは――メリオンでボブ・ガードナーに負けたときのように――わたしだったら呆然とするしかないようなピンチに、見事なリカバリーを相手がするのも体験してきた。けれども、あのメガホンほどはっきりとお前の負けだと宣言したものには、遭遇したことがない。そしてそのとおり、わたしは負けた。その2ホール後、5アンド4で。

ここでわたしは、あるいは行きすぎてるといわれるかもわからないが、メガホンという道具について言及しておきたいと思う。

あらゆるトーナメント・ゴルファーと同様に、わたしもまた、ゴルフ・コースに登場したものの中でも、メガホンほどもっとも警戒しなければならないハザードもないという事実を、競技委員諸氏に認識してほしいのだ。慣れた競技者にとって、ギャラリーはコースの一部であり、ゲームの一部でもある。わたしたちはついてくるギャラリーと一緒にプレーできるのである。あるいは、もしできないとしたら、当然、ギャラリーは後についてこないであろう。ギャラリーは他の障害物と同じようなものなのだ。ときとしては役に立ってくれることさえあり、風の強い日のパッティングのときなど、数千人ものギャラリーがグリーンをとり巻いていてくれると助かるものである。が、もちろん、たいていは役に立ちはしない。昨年（一九二六年）、コロンバスにおける全米オープンで、10番ティーからドライブしようとして、100ヤードも前方でギャラリーがウサギのようにフェアウェイをぴょんぴょん横切っていったために、ボールに構えてはやめ、構えてはやめと三度も仕切り直しさせられた。それでわたしはミス・ショットしてしまったが、その試合中で一番ひどいドライブだった。

ギャラリーというのは、彼らが現についている組よりも、その後からくる組にとって厄介なものである。見ている人のほとんどは、コースには他の組がプレーしていることなど考えてもいないように思える。そしてこの事実こそが、メガホンを持つ競技委員にとって、最大の問題になるわけなのだ。たとえその委員が熟練していて、しかも彼がついている組の選手がプレーに入ろうとしているときには怒鳴ったりしないよう十分に注意していたとしても、他の選手が50ヤードも離れていない隣のフェアウェイか、近くのグリーンでいままさにプレーしかけているときに、ギャラリーに叫ぶことがないとはいえないからである……ともかく、理由がどうであれ、またどういう正当な意図があったにせよ、それは関係ない。メガホンの一撃が選手のショットを破壊するものであるという事実だけが、問題なのである。試合慣れした選手なら、ギャラリーの動きが目に入ったらプレーを中断することで、自分を守ることができる。しかし、メガホンに対しては、自分の組についたギャラリーに向けてのものであれ、他の組のものであれ、耳に届く範囲のものであるかぎり、自分を保護することはできないのだ……わたしは旗の方式が好ましいと思う。遠いところでプレーしている選手まで壊滅させてしまうような、バシャンの雄牛さながらの叫び声よりも、人間の肉声で穏やかに、しかし威厳をもって「お静かに！」と制するほうがどれほどよいものか。

もっとも、ギャラリーの数が昨今しばしばそうであるように一万五千人とか、それ以上にもなるときにはいささか問題になるであろう。が、その場合でも、メガホンが問題を解決するとは決して思えない。……ともかくわたしは、自分の組にメガホンを持った競技委員がついたら、時間をかけてその人物の動きを注視するしかないと考えているのである。

ファンの多くは、ゴルファーがなぜショットに入るときに突然物音がしたり、人が動いたりすることに対してそれほど神経質になるのかと、訝《いぶか》っている。わたし自身、どうして野球やフットボールのように、叫び声やら何やらに平気でいられないのかとずいぶん訊かれる。

この質問に答えるのは簡単なことだ。仮にギャラリーが大きいスタンドに陣どって、絶えず絶叫しつづけているのなら、ゴルファーはギャラリーが静かにおとなしくしているのと同じように、プレーに専念できるであろう、と。ゴルフは野球のように瞬間的な動きをするゲームではない。ボールと相手の動きだけが目標物であるのならば、他の物の動きや関係のない音などは、プレーの上にほとんど――あるいはまったく影響を及ぼすことはないのである。

しかし、ゴルフというゲームにおいては、かつてある人――イギリス人だった――

が表現したように、プレーヤーはただ神および自分のショットと一緒にいるだけなのだ。浅からぬ意味をもつ表現である。たとえ二万人のギャラリーがまわりをとり囲んでいようと、選手は自分ひとりなのだ。自分ひとりだけがボールに対し、安んじてショットすることが可能なのである。そしてわたしは、ゴルファーにとってあるショットがどんな結果をもたらすかは神のみが知るところだと、敬虔な心でいえるのである。かのイギリス人は、そういう意味のことを表現したのだ。

さて——一九一九年にわたしを苦しめたオークモントの長い12番ホールは、六年後にワッツ・ガンと決勝戦で顔を合わせ、わたしのゴルフ史の上でももっとも激しい試合のひとつを展開したとき、またしても勝敗をわけるターニング・ポイントとなった……そう、長い間にはゴルフにおける運というものは、誰かに傾きつづけるものではないことを物語るかのように、である。

一九二五年の選手権に出場してふたたびオークモントへ行ったとき、ゴルフ記者たちはこの12番ホールを〝幽霊ホール〟と呼んでいた。記者たちは、昔のあの災難（彼らはそれを悲劇と表現していたが）の灰色の幽霊が、一九二五年の選手権競技でもまたわたしにとり憑いて、神経をかき乱すことになりはしないかと思っていたのだろう。その決勝ラウンドで、わたしはワッツ・ガンに1ダウンしていた。そして幽霊ホールの12番で、ワッツが第三打をきれいにグリーン・オンさせたのに、わたしはバンカーにつかまってしまったのである。ワッツがこのホールを取っていたら、彼は選手権を掌中にしていただろうと、わたしはいつも思っている。ふたりの運はそこで決まってしまったのだ。

話を元にもどして一九一九年、そういう次第でオークモントでわたしは準優勝ということになったわけだが、その後のいくつもの試合については、ポイントを絞って話してみたいと思う。というのも、わたしは統計というのが嫌いだからである。もしここで、読者諸氏が、このささやかな書物が自分のことについてばかり語られていると思われるとしたら、これまでわたしのゴルフ人生がほとんど試合の渦中で送られ、観戦者であったことはめったになかったという事情を、どうか考えていただきたいのだ。試合というのは、自分がそこに参加しているかいないかで、見方が決定的に違うものである。傍観者としてあるゴルファーを眺めているのと、自分がその相手を打ち破るためにプレーするのとでは、相手のゴルファーの評価はまったく変わってしまうのと同じことなのだ。

オークモントの選手権競技で、わたしは体重が18ポンドも減ってしまった。この事実は、当時はまだゴルフというゲームが易しくて老人向きのスポーツだと思っていた記者たちにとっては、意外なニュースだったようだ。わたしは三日間ないし六日間、選手権競技に出るたびにいつも、10ポンドから15ポンドぐらい体重が落ちてしまう。

むろん、肉体的にきついからではない。肉体的にだったら、毎日36ホールずつ二週間つづけてプレーしても平気だし、体重だって変わりはしないのである。選手権競技というのは、それくらい精神が激しく燃焼するものなのだ。思うに、ゴルフにはふたつの種類がある――単なるゴルフと、試合のゴルフと。そして両者は、決して同じものではない。

一九二〇年、わたしは体格も大人並みになっていた。あの十四歳のころのずんぐりした少年時にくらべ、身長は6インチ伸び、体重は逆に20ポンドも減って、ウエスト・ラインは――いま自分でこれぐらいでいたいと思うくらいになっていた。この年、アトランタの代表選手の一員として威勢のいいたくさんの仲間とチャタヌガへ行き、南部アマチュア選手権に勝ったころには、むしろひょろ長いくらいだった。わたしのゴルフは快調をきわめ、どのゲームでも相手に苦しめられることもなかった。わたしの好調ぶりを目にした仲間たちは、翌週にメンフィスで行われることになっていた西部アマチュア選手権に出てみろといいだした。それでわたしは出場することにし、69、70で回って予選を通ったが、これは当時、西部のレコード・スコアだった。

アトランタのペリー・アデアとトム・プレスコットが南部代表に入っており、それにチャタヌガのポラック・ボイドとわたしとが四人のチームを組んで、オリンピック・カップの予選初日に南部ゴルフ連盟の代表として出場した。わたしたちはこの試合に勝ったが、そのときもらったカップはそれまで見たこともないくらい大きくて、それから二年後、サザンプトンでイギリスの代表と覇を競うウォーカー・カップ[注15]を見るまで、これは最大のものだった。

西部アマチュアのタイトルは獲れそうだと、わたしは秘かに考えていた。が、チック・エバンスのためにこの考えは破られてしまった。彼はいつも、優勝できると思いこんでいる相手の野望を砕いてしまうのだ。とてもきれいなメンフィス・カントリー・クラブで、わたしは最初の3ラウンドをいいゴルフをし、そしてチック・エバンスと対戦することとなった。わたしたちはじつに素晴らしいゲームをしたが、それはわたしのゴルフ人生でもいくつもないいい試合のひとつに数えられるくらいだったと思う。はっきりいって、彼がわたしを打ち負かしたゲームの進め方を見れば、チック・エバンスが世界でももっとも偉大なマッチ・プレーヤーであり、ここ一番に強い人物であることが証明されるのではないか。第2ラウンドも7ホールを残したところで、彼は3アップしていた。が、そこからわたしがバカ当たりしだして、つづく3ホールをとり返した。しかも、そのうちの2ホールはピンにデッドにくっつけたのだ。わたしたちはスクェアになり、これで勝てると思ったものである。

ゴルフでもっとも難しいのは、早くリードしたときに相変わらず、自分のゴルフをつづけられるかどうかということなのだ……が、わたしはこの試合の展開をできるだけ詳しく説明できればと思う。ふたりはまるでボクサーのようにパンチを出しあい、あるホールではチックがわたしのキャディ——とても頭のいい男で本人自身がプロ・ボクサーでもあった——の動作から、わたしの第二打がうまくいったと判断し、実際にはボールは林の中に落ちていたのに、ほとんど不可能とも思えるような木越しのショットを試みたりした。34番目のホールでは、お互いに8フィートのパットをねじこみ、35番ホールでわたしのボールがグリーンにオンしたのに、彼のが深いラフにつかまったときには、わたしはもう勝ったと思いこんだりしたのだったが……しかしそのホールで、彼はわたしを破ってしまったのである。わたしのアプローチ・パットが強すぎて6フィートも残ったのに対し、彼は深いラフから12フィートに乗せ、それを一発で決めてパーの4であがったのだ。このときの自分のセカンド・パットだけは、いまだによくわからない。ボールはカップに当たってまわりをぐるっと一周し、わたしが立っているほうへともどってきた——わたしを見上げて「お前の負けだぞ!」といっているように見えたものだ。確かに、負けたのである。チックがわたしを打ちのめしたのだ、勝てると思っていたのに。翌日の決勝戦で、彼はクラレンス・ウォルフを破った。

ところで、一九二〇年という年、わたしにとってもっとも重大な意味をもつ出来事は、八月十日から十三日にかけて、トレドのインバネス・クラブで行われた全米オープン選手権に、初めて出場したことだったろう。わたしはこの立派なコースで典型的な幼稚なゴルフを演じ、自分にも優勝できるチャンスがあったときにも、まったく気づいていなかったのだ。

そのころはまだ、第3ラウンドまでは快調なプレーができていても、第4ラウンドで大崩れすることがあるという、ゴルフにおける常識をわきまえていなかった。わたしは第3ラウンドを70で回った。五十歳のハリー・バードンが第3ラウンドを終わって218で首位に立ち、ハッティソンとレオ・ディーゲルが219、テッド・レイが220、わたしが222でチック・エバンスは223だった。何ということか――わたしにも勝てるチャンスが十分あったのだ！　にもかかわらずわたしはスコア・ボードを眺め、パイとアイスクリームの重い昼食を摂りながら、勝つためには最低70でラウンドしなければならないと思いこんだ。

それから午後のスタートをしたが、70というスコアばかり考えていたので、バカげたショットを試みたり、無理なトライをしてみたりで、あがってみたら77もたたいていた……のだが、わたしはついぞ、他の選手たちも最終ラウンドで崩れることがあるのだとは考えてもみなかった。ああ――72であがっていたら優勝できたのである！

しかしわたしは、パイとアイスクリームと未熟な考えとでふくれあがっていた。かくして、五年後ウォーセスターの全米オープンでプレーオフの末にわたしに勝つ、ウィリー・マクファーレンとタイの八位で終わったのである。

第4ラウンドでは、みんなが大崩れしていた——バードンも、レイも、ハッティソンも、ディーゲルもである。結局、崩れ方のもっとも軽かったレイが75で回り、優勝した。チック・エバンスもこらえて75であがり、一打差でリーディング・アマチュアのタイトルをわたしから奪ってしまった。何という試合だったろう。

不思議な出来事である。選手権のタイトルは宿命づけられていると考える人びとにはとてもいい例証となるだろうが、ハリー・バードンがほとんど優勝間違いなしと見えたにもかかわらず、タイトルは彼の手から逃げてしまったのだ。もし彼が勝っていたら、全米オープンのタイトルを、じつに二十年の歳月をへだててふたたび手にするという、信じがたいことが起こるところだった。なにしろ、彼は一九〇〇年に勝っていたからである。

最後の9ホールを前に、バードンは4ストロークもリードしていた。11番ホールで差を一打ひろげ、彼の勝利は確かなものと思われた。プロたちがよく口にする言葉にしたがえば、「彼の試合」だったのである。ところが、18ホール中で一番長い12番のティーに立ったとき、突如として真っ黒な空から突風が吹いてきて彼の顔を打った。この偉大なるゴルファーすらも、年老いているためにたちまち疲れだしたのだ。ボールを強くしかも正確に打ちながら、猛烈な向かい風の中では、グリーンに届くまでに四打を費やさざるを得なかった。そこで彼は、1ストローク落とした。次のホールでも、また一打を失った。突風はこの間におさまったが、バードンはもう力尽きていた。最後の7ホールで6ストロークを失い、ジャック・バークとともに296であがることになってしまった。何という悲惨なフィニッシュであろう！

テッド・レイがやがて295であがってきて、首位にたった。つづいてハッティソンが、さらにレオ・ディーゲルとチック・エバンスが同じ組で18番にきたが、いずれも最後のグリーンで長いパットを沈めさえすれば、テッド・レイと並ぶところだった――が、入らなかった。……わたしはよく覚えているが、このときハッティソンと一緒にプレーしていたウォルター・ヘーゲンが、数ストローク遅れてはいたもののグリーン・エッジから長いパットを沈めてバーディ3をとった。彼は歓声をあげた一万人ものギャラリーに黒い頭を向け、笑いかけた。

「ジョック、決めろよ」

と彼はいった。

やおらジョック・ハッティソンは、緊張のあまり顔をゆがめながらパットをした。が、栄光を掌中にするチャンスは得られなかったのである。

ディーゲルは71番目のホールのグリーンで15フィートのパットをミスし、最終ホールでも、入れれば首位タイとなる30フィートのパットをはずした。そういうわけで、わずか一打の差でバードン、バーク、ハッティソン、ディーゲルの四人が二位タイとなったのである。わたしはといえば、最終ラウンドの最悪なゴルフにもかかわらず、299で優勝者と4ストロークしか違わなかったのだ……振り返ってみれば、第4ラウンドを72で回っていたら、初出場で全米オープン選手権に勝てていたのである。しかし同時に、もしここで勝ったりしていたら、わたしは堕落してしまったに違いない。これまでわたしは無数の幸運に恵まれてきたが、中でも最大の幸運だったのは、十四歳のときにメリオンでの全米アマチュア選手権に初めて参加して勝てなかったことと、このインバネスの全米オープンにまみえた初陣に優勝できなかったことだと思っている。

……それにしても、インバネスにおけるこの大詰めのデッドヒートは、わたしを魅了した。考えてもみてほしい――72番目ホールのグリーンで、五人の選手に優勝するチャンスがあったのである。全米オープン選手権というのはそういうものであることを、わたしはそこで知ったのだ……そしてそれはいまでも変わらぬ見方であるといっておこう……わたしはレオ・ディーゲルが最後の3ホールをプレーするところを見ていて、彼の顔から血が引き、目は窪み頬が落ちているのが不思議だった……が、その後、わたし自身もそうなったのだ。

注14　フランシス・ウィメット

アメリカ人にゴルフに対する関心を呼び起こさせた、最大の功労者（一八九三〜一九六七年）。一九一三年の全米オープンで、アマチュアゴルファーとして、ハリー・バードンとテッド・レイを相手にまわし、プレーオフで勝利しヒーローとなった。一九一四年には全米アマにも勝ったが、二度目の勝利はボビー・ジョーンズが引退する翌年まで待たなければならなかった。

注15　ウォーカー・カップ

一九二二年に始まった、英米アマチュア対抗戦のこと。ハーバート・ウォーカー（一九二〇年代のUSGA会長）の寄贈したカップに因んだ名称で、二年ごとに行われる。プロの対抗戦は、英国の資産家サミュエル・ライダーの寄贈するカップに因んでライダー・カップという。一九二六年に創始、やはり隔年に開かれる。

1920年、ボビー・ジョーンズ、やっと18歳。ハリー・バードンとの一葉。この年、全米オープンに初出場し8位タイ

第七章

イギリスへ初めて遠征する

ハリー・バードンが、わたしのゴルフについて初めてコメントしてくれたのは、一九二〇年のトレドにおける全米オープンのときのことである。そのコメントは、これまで耳にした批評の中でももっともおかしく、かつ決定的な評価だったと、いまでも思っている。幸運にも予選ラウンドで二回、わたしはこの老いたる名人と一緒に回ることとなった。もちろんうれしかったが、それ以上に緊張してあがってしまった——なにしろハリー・バードンといったら、十一歳のときにアトランタのホーム・コースで彼のプレーを初めて目にして以来ずっと、わたしにとってのヒーローでありアイドルでありつづけてきたのだから……。

予選の第1ラウンドが終わったとき、ハリーとわたしは76でタイ・スコアだったが、第2ラウンドではわたしのほうがちょっとよかったように思う。わたしたちは7番ホールへやってきたが、ここはドッグレッグしていて、大胆なプレーヤーがグリーンを直接ねらうためには、深い窪みと何本かの高い木を越えて、ドライブを打っていかなければならない。テッド・レイは実際上、このホールでチャンピオンになったようなものだった。というのもこのパー4のホールを、彼は4ラウンドとも3であがったからだ。しかも、そのうち二度は、275ヤードものドライブを放って、1オンさせたのである。

ハリーもわたしも安全に高いボールを打って木を越え、易しいアプローチ・ショットでピン傍に寄せられる、グリーンのすぐ近くまで飛ばした。ハリーのほうがちょっと遠かったが、ランニング・アプローチで簡単にピンから遠くないところへ寄せたのに対し、そのころわたしはピッチ・ショットが好きだったから、ピンまでには何の障害もないのにニブリックを抜き出した。ところがわたしはルックアップして、この状況の下ではもっとも悲惨なミスを犯してしまったのだ。トップしたボールはまるでウサギのようにグリーンをまっすぐ走りぬけ、バンカーに飛びこんだのである……いまでもこのときのショットのことを思い出すと、耳が熱くなるような気がするほどだ。

このホールでわたしはパーを逃がし、5を打った。がっくりして、次のホールへハリーと一緒に向かった。彼はラウンド中ほとんど口をきかなかったが、わたしは自分の落ちこんだ気分を変えるつもりで、口を開いた。

「バードンさん、いまのぼくのショットよりも酷いミスをご覧になったこと、これまでにありますか?」

すると、ハリーが答えた。

「ないね」

それで話題は打ち切りになってしまった。

それから一カ月もたたないうちに、わたしはロング・アイランドのロスリン近くにあるエンジニアーズ・クラブで開催された全米アマチュア選手権に出場した。そしてこの試合は〝ビッグ・ショー〟といわれる大トーナメントで気楽に、神経を使うこともなくゴルフを楽しんだ最後になった。それ以後、事態はしだいしだいに厳しくなっていったからである。

しかし一九二〇年の九月、まだ十八歳であったわたしは、まだラウンドの合間に相変わらずパイ・ア・ラ・モードを食べるのに耽り、トーナメント・ゴルフをただの楽しみのゴルフと同じようにプレーしていた。このときの試合は、わたしにとって三度目の全米アマ選手権だったが、人びとはわたしがいつ壁を破って勝利をおさめるかと思い始めていた。州選手権や地方の選手権を勝ったり、赤十字の試合やら何やらの成績が評価されていたからである。父もわたしがもう全米選手権に勝てるだけの力を備えたと信じていて、はっきりそれを口にしてもいた。

こういう事情によって、わたし自身もまた、ゴルフのトーナメントはゴルフ・トーナメントであり、大きい試合はもっと意味があるのだということに、以前とは違ってはっきり意識するようになっていったのだ。一九一六年のフィラデルフィアと、一九二〇年のトレドの試合に父はついてこなかった。が、一九一九年のオークモントと、一九二〇年のエンジニアーズ・クラブにはわたしと一緒に出かけ、そして父が勝利を心から願っているらしいことが、はっきり見てとれたものだ。

エンジニアーズ・クラブでの選手権では、チック・エバンスが幸運の落とし子で、決勝戦ではフランシス・ウィメットを相手に、かつてわたしがわが国のアマチュアの試合で目にした最高のゴルフを展開し、タイトルを掌中におさめた。しかし、決勝戦までの道はというと……それを、ちょっと説明させていただきたいと思う。

チックは最初の試合を楽勝し、二回戦でレジナルド・ルイスと対戦した。レジーは強いゴルフをしたのに対し、チックはまだ調子が出せず、36ホール目にきたときチックは1ダウンを喫していた。

1ダウンで、残るは1ホール――チックはこのホールをうばうか、トーナメントから去るかだった。

チックはティー・ショットをプルして、ボールをバンカーに打ちこんでしまった。しかもそこからの第二打を、グリーンから100ヤードも手前の深いクローバーのラフに入れたのである。グリーンに止めるピッチ・ショットを試みるには、これ以上もない難しいライだといえるだろう。一方、レジーの第二打はグリーンをちょっとオーバーした斜面に止まっていたが、ホールに向かってチップするのは易しいところだった。

そこからチックは素晴らしいピッチ・ショットをし、ピンから5ヤードにグリーン・オンさせた。が、すでにもう三打費やしていて、ルイスが勝つにはこのホールを引き分けにすればいいのである。ルイスがチップ・ショットをどうするか考えている一方で、チックはじっと立っていられないほどナーバスになっていた。グリーンの端であっちへ行ったりこっちへ行ったりしていたが、もちろんレジーの視界に入らないところで、である。レジーはいいチップをした。ボールはチックのボールより近くへ寄ったが、ピンにデッドというわけではなかった。もしチックがこの試合で息を吹き返すには、難しいサイドヒルの大きく曲がる15フィートのパットを沈め、しかもルイスがそれより短いパットをミスしなければならない……ところが、チックはそのパットを入れたのだった。彼は足もとをふらつかせながらグリーンを降り、芝生の上に腰をおろしてレジー・ルイスが、自分の運命を決めるのを待った……が、レジーはパットをはずしてしまった。試合はエキストラ・ホールに進んだのである。

ルイスは37ホール目でも勝利を決めるパットのチャンスを迎え、ボールはカップに飛びこんだ――が、くるっとまわって飛び出した。ふたりは、もう疲労困憊していた。結局、41ホール目のグリーンでチックが勝った。わたしが知っている全米選手権の試合で、最長のゲームだった。チックは二回戦でほとんど敗退するところだったが、これを逆転勝ちして、後は決勝まで苦戦することなく、タイトルを勝ちとってしまったのである。

この選手権の三回戦でフレディ・ライトと戦った試合ほど、わたしはゲームを楽しんだことがない。フレディとわたしは同じ年ごろで、予選ではともに１５４タイでメダリストになったのだが、もしふたりがマッチ・プレーで相まみえることがあったら、その勝負の結果でメダリストがどちらかを決めようと話し合っていたら、本当に対戦することになってしまったのである。しかもわたしたちは、なろうことなら全部のホールを3でプレーしようと約束でもしたようだった。フレディは最初のホールでわたしが口惜しい5を打ったのに、3のバーディをとった。2番ホールでは、わたしが3をとった。3番では両者ともパーの4で分けたが、次のホールでフレディはまた3を出してリードした。5番ホールでわたしが何とか4をとると、そこからつづく3ホールを3でプレーし、フレディに差をつけた。こうして彼はアウトを35のパーで回ったのに、2ダウンもリードされていたのである。わたしは午前の18ホールで3というスコアを八個マークし、そして午後の14番の短いホール——「2か20か」として有名なホールで、わたしがティーからニブリックのピッチでピン傍1フィートにつけたところで、ゲームは終わったのである……そのときわたしが使っていたニブリックは波型のひだのついたもので、わたしが本当にピッチ・ショットを打てた唯一のクラブだった。が、いまではもう使えない。一九二二年のルール改正で認められなくなったからだ。

その三回戦までに、わたしはもう古い友人となっていたシンプソン・ディーンとフランク・ダイアーを大差で破り、こうしてフランシス・ウィメットとの準決勝に進んだのだったが、わたしは彼によって6アンド5で簡単に若者の思いあがりを懲らしめられてしまった……それ以後もずいぶん負けもしたが、子供としての敗北はこれが最後だった……午前の18ホールでは最終ホールのグリーンで2フィートのパットをはずし、3ダウンになった。この劣勢でわたしは若者特有の自負心を傷つけられ、午後のラウンドに入ってからも、その差はつめることもできなかった。フランシスのゴルフは素晴らしいもので、見たこともないようなギャラリーがついていた……あれは午後のラウンドの7番ホールでのことだったと思うが、わたしは子供らしい気持ちを思いがけなくさらけ出してしまった。それ以後、二度とそういうことはなかったが……。

ふたりは第二打を終えて、グリーンにいた。わたしのボールのほうがちょっと遠いところに乗っていたが、軽い上りのラインで、アプローチ・パットは易しそうだった。フランシスは判事みたいに荘重な表情をしていた。試合のときは、いまでもそうである。ところで、わたしがパッティングに入ろうとしたとき、ハチが一匹うなりながら飛んできて、ボールの上に止まったのである。わたしはシーッといって追い払ったが、ハチは舞いもどってくる。わたしはまた追い払った。ハチはわたしの傍のグリーンの上に止まったので、ギャラリー整理に当たっていた競技委員がこのしつこいハチの上にメガホンをかぶせたが、ハチはメガホンの口からはい出して、またわたしのところにもどってきた――まるでわたしが気に入ったみたいだった。ギャラリーたちがクスクス笑いだした。わたしは帽子を脱いでこのうるさいハチを追いまわし、とうとうグリーンから追い払った。わたしは笑いだし、ギャラリーたちもドッと笑った。フランシスも、ちょっと表情をゆるめたと思ったが、確かではない。

ハチを追い払ってからボールのところにもどったが、じつに下手くそなパットをしたあげく、次のパットもはずしてこのホールを失ってしまった……ときどきわたしは、あのハチはゴルフに対する自分の若者らしい憧憬とともに飛び去ったのではないかと思ったりする。ともあれ、一九二〇年のエンジニアーズ・クラブでの試合以来、ゴルフはわたしにとって以前とは同じものではなくなったのだ。

フランシスは午後のラウンドの13番ホールでわたしの息の根をとめてしまったが、ギャラリーたちはとても素晴らしい態度を示してくれた。フランシスは東部の人で、いまと同様そのころすでに高名だったのに対し、わたしはといえば南部人で、しかも短気で悪評高かった。にもかかわらず、13番グリーンへギャラリーの群れの間をぬって歩いていくと、わたし自身も含めて誰もがわたしが〝とどめの一撃〟を受けることはわかっていたのに、ものすごい喝采を送ってくれたのである。思わずまばたきをしてしまったほどだ。このときの親切で温かい贈り物を、決して忘れることはないだろう。ゴルフのギャラリーが好きになったのは、このときからである……それから後にギャラリーから、熱心に応援してくれるあまりに叩かれたりしたし、平手でびんたを食らったことも再三あった。しかし、それでもわたしはギャラリーが好きである。

わたしが負けてしまったので、父はがっくり落ちこんでいた。そのため、自分で悔しがるよりも、父に対して気が咎めてならなかった。翌日わたしは、大会関係者から旗をもらい、臨時の接待委員にしてもらったおかげで、フランシスとチックの決勝戦について見て回ることになったのだが、実際には逐一見ることはできなかった。というのも、この日のギャラリーは一万三千人にものぼったからで、旗を使うと殺されそうな気がし、ろくろく旗の威力を行使しなかったのである。

それでも、素晴らしいゴルフの一端は垣間見た。チックが何と、午前の10番ホールから午後の10番ホールまでの19ホールを71というスコアで回ったのを、わたしは忘れはしない……この試合には全米のアマチュア選手権を狙って、英国からもシリル・トレイ、チャールズ・ホープ卿、ロジャー・ウェザレッドの三人が参加していたが、全員が予選で落ちていた。コース・コンディションが違うということもあったろうし、何よりあの短い10番ホールが彼らのゴルフを乱したようだった。気の毒だったと思う。わたしはこのときの試合で彼らと顔を合わせたし、その後も――殊にシリルとロジャーとは何度も会って、とても彼らが好きになった。

全米アマチュア選手権の後、モリス・カウンティ・カントリー・クラブで行われた招待試合に出場して優勝した――が、どうもわたしは小さな試合には勝てはするものの、大試合には勝てないらしかった。その試合でチックとわたしは、バードンとレイの組と対戦し、この素晴らしいペアがかつて経験したこともないような大敗を味わわせてしまった。確か10アンド9だったはずである。午前はわたしが快調でチックが午後に入ると調子を出し、フロント・ナインのパー4のホールでは連続3ホールで3を出した。老ハリーとテッド・レイは長い旅で疲れ果て、もう帰国する直前だった。イングルウッドでは、わたしはオズワルド・カービイと組んで、午前の18ホール・ゲームで勝ち、午後にはシリル・ウォーカーとのペアで——もっぱらパートナーの最高のゴルフのおかげで——やはりこの名手たちに勝ちをおさめた。オールド・ボーイたちは、まさに疲労困憊していたのである。ともかく、このフォア・ボールの試合に勝っても、有頂天にはなれなかった。なにしろレイは全米オープンを制したのだし、バードンが二位だったことも、忘れてはいなかったからだ。小さな試合は、単なる試合でしかない。全米オープンは、まったく別物なのだ。

さて、翌一九二一年の初夏に、わたしは初めてイギリスへ遠征した。そしてホイレークの全英アマチュア選手権では小さな失敗をしたり、セント・アンドリュースで行われた全英オープン選手権では途中で棄権するというような、わたしとしては最後となった子供っぽい振舞いをしたりしながら、貧弱なゴルフ体験に多くのことを積み重ねていった。

ホイレークでは、あまり学ぶことがなかった。コースは乾ききっていて芝草は硬く、グリーンは鏡のようにつるつるだった。グリーンに水を撒くなどということはせず、コースは自然のままにしておくべきだと信じているのである。それが正しいことなのかどうか、わたしにはわからない。わたしたちアメリカの遠征軍はいつもどおりチームを組織し、(非公式の)国際試合に優勝したが、これは今日のウォーカー・カップ対抗試合の前身で、この前はセント・アンドリュースで戦い、大激戦の末にアメリカ・チームが勝っていた。

イギリスでのわたしは、よかったり悪かったり、大崩れしたり、まったく奇妙なゴルフを展開した。選手権試合の初めはいいプレーをして、ほとんどスコア・カードどおりでマンフォードという選手に勝った。次いでハムレット氏と顔をあわせ、彼は87も叩いた――のに、やっと1アップで辛勝する始末だった。それも、最後の2ホールで勝って決着がついたのだったが、17番ホールで彼が4フィートのパットをはずして助けてくれ、最終ホールのグリーンでは、彼のボールの半ばスタイミーになっていたボールをわたしが打つと彼のボールに当たって、相手のボールがカップの縁に止まったのに、わたしのは入ってしまったのである。ただただ幸運だったというしかなかった。

その次には、ロバート・ハリスを相手にまずまずのラウンドをして、6アンド5で勝った。が、その後、薄茶色の髪をした温厚な紳士のアラン・グラハムに、妙な真鍮のパターでこてんこてんに息の根をとめられて、6アンド5で負けてしまったのである。前年のエンジニアーズ・クラブでわたしの手強い敵だったフレディ・ライトが、アメリカ人としてただひとり勝ち残ったが、六回戦で確か、作家の[注16]バーナード・ダーウィンに敗れたのではなかったろうか。

いよいよ全英オープンの日がきた……それから五年後、つい二時間前に全英オープン・チャンピオンになったばかりのわたしは、ゴルフ生活でももっとも幸せな夕べの時間を、イギリス独特の薄暮の中をセント・アンズ・オン・ザ・シーからリヴァプールへ向かうタクシーの座席で、つくづくと味わっていたものだ。この世界最古の試合のカップをもらうというのは、何かしら特別のことなのである……。

しかし、この一九二一年には勝てなかった。というよりはもっと悪いことに、最後までプレーすらしなかったのだ。ゴルフの半生で、わたしにはいくつか深く悔いることがある。が、このときの途中棄権ほど大きい悔いを残したこともない。棄権もメダル・プレーにおいてなら、それほど咎められるべき行為ではないとされていることを知っているし、偉大なプレーヤーや立派なスポーツマンが、成績が悪かったり、いいプレーができるチャンスがないときに、棄権したことも見てきている。しかし、当時のわたしはまだ若造にすぎず、人に知られる身でもなかった。これまでわたしは、何度思ったかしれない——この試合の第3ラウンドの11番ホールで、六打目の短いパットを打たないままボールを拾い上げてしまったことに対し、痛切な悔いにさいまなれていることを。それはゴルフ界にとって何も意味していない。が、わたし自身にとっては、計りしれない意味を持つのだ。それも、あの第3ラウンドの最初の9ホールで46を打った上に、10番ホールで6を叩き、さらに11番でもまた6という事態になって、「いったいこんなことをしていて、どういう価値があるんだ?」と自分に問いかけた六年前よりは、むしろいま、無限の意味を持っていると思うのである。

　もちろん、わたしはスコア・カードを破り棄ててからも——比喩的にいってのことだが——プレーはしたし、第4ラウンドでは72といういいスコアもマークした。棄権などしないで試合をつづけていたら、結構いいところまでいけたはずである。が、この試合におけるわたしの成績は、結局、とるに足らないもので終わったのだ。このときの全英オープンは、ジョック・ハッティソンが驚異的なフィニッシュを見せ、イギリスのアマチュアのロジャー・ウェザレッドが迂闊《うかつ》にも自分のボールを踏んでしまって一打を失い、ジョックと首位タイになったあげくにプレー・オフで敗れてしまった。

　あの素晴らしい老ジョック・ハッティソン——第1ラウンドでわたしは彼と一緒に回ったが、8番で彼はホール・イン・ワンをしたばかりか、306ヤードの9番ではドライバー・ショットがころころ転がってホールに向かっていき、カップに当たってわずか3インチ横にはずれるという、驚くべきプレーをした。連続2ホールを一打であがるところだったのだ！　ジョックがまさかグリーンまで届くとは思わずにドライバーを打ったとき、トミー・ケリガンがグリーンでプレーしていたが、彼がいうには、ボールはほとんどカップの中に入りそうだったそうである。まるで不運にもカップに蹴られたパットみたいだったとか。

この全英オープンでのジョックを、いつまでも忘れることはできないだろうと思う。彼は勝利に向かって火をともす発火石のようだった。奇跡かと思うばかりのショットをすると、大ミスもしでかした。彼が最終ラウンドをスタートするとき、ウェザレッドはすでにプレーを終えていたが、彼はこれを70で回って追いついたのである。セント・アンドリュースにおける70――それは、読者諸氏がホーム・コースで66でプレーするくらいのスコアなのだ。それすらほとんど夢想に近いことだが、全英オープンの重圧がかかっている中で、そういうスコアがマークできるものかどうか。

ジョックは、それをやった。おそらくあらゆるオープン選手権史の上で、もっとも偉大なラウンドであろう。パー3ホールがふたつしかない、難しく堂々たるパー73のコースを、彼は70で回ったのである。そしてプレー・オフでロジャーをくだしたのだ。そして、わたしたちはアメリカへ帰り、ダンカンやミッシェルとともに、ワシントンのコロンビア・カントリー・クラブで開かれた全米オープンで、自分の運を試すこととなった。

コロンビアのグリーンは、まったく厄介だった。われながら、この試合くらいだらしないパットをしたこともない。おまけに予選ラウンドが18ホールで——明らかに犯罪である——1番ホールで林の中から脱出できずに6を打ってつまずいたわたしも含めて、みんな予選落ちするところだった。

第1ラウンドをわたしはジーン・サラゼン[注17]と回って、78という大荒れのスコアだったが、これは勝利への道を進みつつあったジム・バーンズより九打も多かった。第2ラウンドに入ると調子が出てきてショットもよくなり、ひょっとしたら65というバカバカしいスコアになりそうな気もしたが、バック・ナインで何打も落とし、それでも71であがってバーンズとの差は5ストロークになった。第3ラウンド、グリーンまではうまくいっていた。が、信じられようが信じられまいが、18ホールでショットが37に対し、40パットしたのである。毎ホールのようにバーディ・パットをはずし、入ったのはたった2ホールで、結局、無惨な77になってしまったのだ。もはや、気違いじみた奇跡でも起きないかぎりは、優勝戦線から脱落していた。これは選手権試合でもっともパットが悪かったラウンドで、次いでひどかったのが、一九二六年、セント・アンズでの全英オープン第4ラウンドにおける39パットである。

さて、最終ラウンドが始まったとき、バーンズより九打もの遅れをとっていたが、むろん全力を尽くすよりほかなかった。スタートから3—3—4—3であがり、2アンダーになった。長い5番ホールできっちり2オンを果たし、また一打でも縮めようと思ったが、第二打を引っぱって、OBを打った。打ち直したボールもまたプルして、これもOBだった。結局この呪われたホールで9を叩いたのである。それでも77であがることができたが、75で回ったチック・エバンスにまたしても一打差で、リーディング・アマチュアの座を奪われてしまった。バーンズが九打もの差をつけて優勝した。289という素晴らしい数字である。二位にはフレディ・マクロードとウォルター・ヘーゲンが298で入った。チック・エバンスが302で四位、わたしは303でエメット・フレンチ、アレックス・スミスとともに五位タイだった。出場者中アレックスが最年長で、わたしが最年少だった。

これで、全米オープン選手権での成績が八位から五位になったわけである。が、わたしは祝う気にもなれなかった。……ウォルター・ヘーゲンが、このコロンビアでいった——ボビー・ジョーンズは全米アマチュアに勝つより前に、全米オープンを獲るだろう、と。わたしは彼が冗談をいってるのだろうと思っていたが、彼は正しかったのである。

注16　バーナード・ダーウィン

あの『進化論』で有名なチャールズ・ダーウィンの孫のエッセイスト。ゴルフ評論もよく書いたが、自身もゴルフをよくし、全英アマの準決勝まで進んだこともある。

注17　ジーン・サラゼン

一九〇二年、ニューヨークに生まれる。ボビー・ジョーンズと同い年だが、メジャー・タイトルを獲ったのは一九二二年、全米オープンで、ボビーより一年早い。その翌年、全米プロもとったほか全英オープン、三五年にはマスターズをも制してグランド・スラムを達成した。サンド・ウェッジの考案者としても有名。貧しいイタリー移民の家に生まれ、アメリカン・ドリームを体現した。

第八章

セントルイス――選手権って何だろう？

一九二一年はとてもよい年だったが、全米オープン以後のことは、ウエスタン・オープン選手権で身にしみた教訓について話すだけにしよう。このときの試合では、自分でも素晴らしいスタートをきれたと思ったのだが、強風のために翻弄されてしまった――それまでわたしは、風の中でプレーする研究などしたこともなかったのだ。ホーム・コースではほとんど強い風に悩まされることもなかったし、イギリスでのゲームの経験も、風に対する研究を十分するほど長くはなかった。そのためこのクリーブランド近郊のオークウッドにおけるウエスタン・オープンで、2ラウンドを終わって首位にありながら、第3ラウンドが風のために壊滅してしまったのである。294のスコアでフィニッシュし、ジョー・カークウッドとともに四位タイだったが、選手権のほうはウォルター・ヘーゲンがいともやすやすと掌中におさめたのだった。

しかし、この一九二一年には、もうひとつ違う教訓も得ていた――それはセントルイスにおける全米アマ選手権でのことである。この試合には、同シーズンにホイレークで行われた全英アマチュア選手権に勝ったウィリー・ハンターが参加したため――その全英アマでわたしは四回戦でアラン・グラハム氏に完敗していた――国際試合というような趣を帯びていた。ウィリーがセントルイス・カントリー・クラブでのわが国のナショナル選手権にやってくるというので、わたしはどれほど彼と対戦するチャンスがあればいいがと望んだものか。よし（とわたしは思った）、ここのグリーンはピッチ・ショットをきちっと止めてくれるし、パッティングしたボールがバンカーまで転がりこんでしまうようなこともないんだ。よし（とわたしはさらに考えた）、この芝生はきちんと生えそろっているし、ウィリーのドライバー・ショットが着地してから100ヤードも転がっていくこともあるまい。思い返してみると、わたしはひたすら彼と当たらせたまえ——と愚かにも願っていたのである。

もちろん、何よりも望んでいたのは、この選手権試合に勝つことだった。ゴルフがよくなっていたし、イギリスへも遠征してきているのである。全米オープンには三度も出場し、全米アマチュアは四回も経験したのだ。年こそまだ十九歳ではあるが、すでにベテランの域に達している。何か意味のある大試合の勝者になってもいい時期ではないか……。

予選は気分よくプレーできた。2ラウンドを151で回り、メダリストとなったフランシス・ウィメットよりは7ストローク離れてはいたものの、予選通過ラインよりは12ストロークもよかった。本選に入ってまず最初の相手であるクラレンス・ウォルフを12アンド11で破り、次いで二回戦ではO・F・ウィリング博士を9アンド8で連破した。そして三回戦で全英アマチュア選手権のチャンピオンと対戦することになったとき、自分自身も含めて誰もが、わたしが彼を撃破するに違いないと思っていた。

さて、結論からいうなら、それまでのどんなゲームからよりも、この試合でたくさんの教訓を得たと思っている。わたしは、ウィリーを簡単にアウト・ドライブした。そしてドライブ以外も、わたしのゲームは満足のいくものだった。にもかかわらず、彼はブルドッグさながら、わたしにぴったりついて離れなかったのだ。それでもわたしは午前のラウンドをリードし、昼食休みのときには2アップしていた。「たった2アップか!」とわたしは自分にいっているのに気がついた。2ホールの差しかないことにちょっと不安を感じ、幸運を維持するためにそれまではいていた半ズボンを脱ぎ、ピン・ストライプのフランネルの長ズボンに替えた。そのころにはわたしも、ゴルフ・コースでの服装にちょっとばかり気を遣い始めていて、そのズボンが好きだったし、それをはいていくつかの試合に勝ってもいたから、縁起がいいだろうと思ったのである。

午後のラウンドに入り、3番ホールでウィリーが1ホール取りかえした。が、8番ホールのティーにきたときにはわたしがまた1ホールを奪って、11ホールを残して再び2アップになっていた。

セントルイスの8番ホールは、岬《ケープ》ホールと呼ばれている。右へドッグレッグしていて、ドライバー・ショットをまっすぐ打ち、第二打で正確なピッチをしなければならない。曲がり角にある高い樹木を越えてボールを打っていければ、グリーンの傍までいけるが、それには勇気と大きい尻に秘めた馬力が必要である。が、わたしは木越えのショットをする決心をし——というのもこの試合中いつもそうしていたからだ——何とかこのホールを取ってウィリーの追撃の息の根をとめてしまおうと思った。

　わたしは曲がり角めがけて、ボールを打った。ボールはこの週はじめて一番背の高い木の一番上の枝に当たって、溝に落ちた。そこは石がごろごろしている上に草が密生していて、ウサギまで一羽いた——そいつはわたしが脱出するためのショットにしくじると、物音に驚いて跳びだしてきたのである。

　ウィリーが、パーの4であがってそのホールをとった。次のパー5のホールも、わたしが運命の移ろいやすさを思い返している間に、彼がとってしまった。長い13番ホールでわたしが1アップすると、つづく14番で彼が30フィートものパットを決め、オール・スクェアにもどった。15番でわたしのショットが幸運にもひとりのギャラリーのおかげでOBにならずにすんだ後、ショート・パットをはずしてこのホールに負け、次の堡塁《ほうるい》ホールで彼にまたもやロング・パットをねじこまれて2ダウンになってしまった。35ホール目のグリーンで5ヤードのパットを残し、これを入れさえすればまだ最終ホールに望みをつなげられたところだったが、それをミスした。そして、わたしたちは握手したのだった。

　その夜、この回想録をまとめるのに力をかしてくれているO・B・キーラー[注18]が、ホテルのわたしの部屋にやってきた——いや、父がひどく落胆して寝てしまったので、わたしが彼の部屋へ行って待っていたのだ。

彼はいった——わたしは午後の8番ホールであの試合、ひいては選手権を失ったのだ、と。あのときウィリーが2ダウンしていたではないか、本来なら向こうが試みるべき賭けのショットを、わたしが敢えてして相手に蘇生するチャンスを与えることなどなかったのだ、というのである。

わたしは答えた——たぶん彼が正しいのであろう、と。しかし、わたしにはそういうやり方のゴルフはできないんだ。すべてのストロークに最善を求めてプレーしたい。安全第一のゴルフなんか嫌なんだ。そうわたしはいった。それに対し彼が答えた——それは天晴な心掛けさ、しかし、そういうゴルフをつづけるかぎり、選手権はとりそこなうよ。

わたしには、いまに至るもよくわからない。が、わたしがマッチ・プレーのナショナル選手権に二度も勝てるようになったのは、マッチ・プレーの場合でもメダル・プレーのときと同じように——相手のゲーム運びには関係なく自分はパーだけを目標に——プレーするようになってからであることだけは、確かなのである。それに、メダル・プレーのオープン選手権にも三度、勝てた。結局のところ、オールドマン・パーこそがもっとも手強い相手なのであり、パーを目標にプレーしてそれに近づけるかぎり、他のプレーヤーを思いわずらう必要はないのだ。とはいえ、ここに古くからの名言もある――「相手が1ダウンしたら、2ダウンにしてしまえ。相手が3ダウンになったら、4ダウンにせよ！」わたしもまた、そのとおりだと思う――たとえそれで、セントルイスにおけるウィリー・ハンターとの試合に敗れる原因になったにせよ、である。

セントルイスはまた、わたしにとってカロリーの摂りすぎに対する最後の闘いの場所でもあった。ここでもわたしは相変わらず大食をし、アイスクリームに固執していて、（妥協しても）ロガンベリー[注19]・アイスがなければ満足できなかったのである。そして午後のラウンドでは、決まってできが悪かった。O・B・キーラーは、この点についてどれくらい厳しく文句をつけたことか。翌年のスコーキーにおける全米オープンの後になって、やっとわたしたちふたりは意見の一致をみた。いまではラウンドのあい間、トーストと紅茶の他は何も口にしない。

ところで、いまになって思うところでは、セントルイス・カントリー・クラブのコースを水浸しにした豪雨さえ降らなかったら、ウィリー・ハンターは優勝する絶好のチャンスであったに違いない。雨は彼がわたしに勝った後、長大なキャリー・ドライブで鳴らしていたボブ・ガードナーと対戦するときになって降り始めたのだ。ウィリーは不利だった。ボブが彼を6アンド5で破り、決勝戦ではボストンの大砲と異名をとるジェス・ギルフォードと当たった。試合は冠水してびちゃびちゃのコースで行われ、なおその上、ときどきはまた雨が降ってくる始末だった。

午前のラウンドを終わって午後の6番ホールまで、両者はまったく相ゆずらなかった。ところが突然、ビッグ・ジェスが驚異の大爆発をしたのである。それは過去の全米アマチュア選手権でわたしが目にしたどんな妙技も、蒼ざめるほどの当たりだった。6番から9番までのパーは、4—3—4—5である。が、ジェスはそこを3—2—3—4と4ホールつづけてバーディであがったのだ。これによってさすがに勇敢なボブも、とどめを刺されてしまった。決して試合を投げようとはしなかったが、30ホール目のグリーンで7アンド6で敗れた。

セントルイスを離れるとき、わたしは妙な胸の痛みと、左脚に静脈瘤からくる痛みをかなり感じていた……胸のほうは、何で痛くなったのかよくわからなかった。ただ呪わしい選手権試合に出場するたびに、だんだん自分の上に重みがのしかかってくるのを感じるようになっていた。いつも勝ちたかったし、勝てればいいがと願ってきたが、いままでは勝つことを期待されていることが、はっきり身にしみてきたのである。選手権試合のもつ意味について新聞で読んだし、ゴルフ記者たちが話しているのを聞いたこともあったし、彼らと話してみたこともあった。そしていつの間にか、彼らはいうようになっていた——わたしが他の誰にも劣らないゴルファーであり、いや、おそらくは全アマチュア選手中もっともすぐれたショット・メーカーであり、間もなく一段飛躍して選手権を獲るだろう、と。

そういう言葉は、神経にのしかかってきた。が、この奇妙な責任がなぜ生じるのかも、いったいどんなものであるかもわからなかった。誰にも訊いたこともないし、わたしはただゴルフをする少年にすぎなかった。しかしいまや、徐々にではあるがはっきりと、わたしは世間からナショナル選手権の勝者たることを期待され始めているのである。あちこちで目覚ましいショットを放ったり、あるいは誰か大物を破ったりすることではなく、優勝することを期待されているのだ。

セントルイスでウィリー・ハンターに敗れた後、あるゴルフ記者が誰かと話しているのを耳にした――。

「うん――確かに最高のショット・メーカーではあるさ。が、奴は勝てないよ」

選手権……選手権。子供心に考えた。それは、偉大なプレーヤーをときどき破ることではない。あちこちのメダル・ラウンドに勝つことでもなければ、州や地方の選手権試合で相手を撃退することでもない……選手権――選手権。それは全米オープンの72ホールのメダル・プレーに勝つか、全米アマチュアで五人を連破するかなのだ。それが、選手権というものなのである。素晴らしいショットが打てても意味がない。どれほどスウィングがきれいでも、どれほど自在にボールをコントロールできても――結局は、選手権試合ひとつだけが究極の目標なのである。

どうか、自分が選手権に勝てたのは、まったく幸運に恵まれたからであることにわたしが気がついていないとは、思わないでいただきたい。とはいっても、いいたいことはいい尽くせない。わたしが勝てたのはあまりに多くの幸運があったからであり、そのためわたしは、選手権の世間的な価値など人為的な評価でしかないと、いまでは感じているのだ。そのような順位をつけて判断したりするには、ゴルフははるかに偉大で、はるかに素晴らしいゲームであり、人生の縮図そのものなのである……いかほどか手柄をたてられたいま、わたしは率直にいえる。世界でもっとも重要な四つのゴルフ・トロフィーのうちの三つに自分の名前が刻まれるようになったのは、多分に運がよかったからだと。そしてまた、素晴らしい人物やまさしく偉大なゴルファーが、ちょっとした理由でナショナル選手権者の栄誉ある輪に入れなかったからといって、見下したりすることがあるとすればはなはだしく恥辱的であると、わたしは心の底からいうだろう……。

わたしが思うには、わが国におけるよりはイギリスのほうが、そのような行為は見られないようである。われわれアメリカ人は、選手権というものに対し、あまりに価値を置きすぎるのではないだろうか。イギリス人は、ゴルフについて確かな眼を持っているように、わたしには思える。かりに故ジャック・グラハムを、疲労困憊するような長丁場のトーナメントをプレーしつづけるだけの粗暴な耐久力がないからという単純な理由で、わたしたち選手権者のある者より劣ったゴルファーだと位置づけたりしたら、それは見下げはてた行為である。強い背筋と、愚鈍な心と、人びとが勝利への意思と――しばしば愚かな固執とも――呼ぶ要素が、たくさんのゴルフのチャンピオンを生み出した。が、彼らはジャック・グラハムはもちろん、新聞の見出しにはなることもなかったにせよわたしが名を挙げることのできる名ゴルファーたちほどのショットも、心も、人格も持っているわけではないのだ。

……選手権への道は、わたしにとって厳しいものだった。登りつめるまでに、七年かかった。そして、インウッドで頂上にたどり着いたとき初めに感じたのは、何も特別なことはない、自分は突破してきただけのことだということだった。次いで、期待をしていたような気持ちの高揚もなく、わたしは自分にいっただけである――

「お前はまったく幸運な奴だ！」

選手権を勝ちとるには幸運が必要だ――と考えられるのは、自省的でなおかつ自分で選手権を獲ってからのことであろうと、わたしは思う。

妙な話だ――このささやかな物語を書いている間、わたしは勝った試合のことよりは、負けたトーナメントについて書きたい衝動に駆られてきた。勝った選手権はなるべくしてなったように思え、とりたてて自分が力を尽くした気がしない。が、勝てなかった選手権試合……そこにはゴルフへの戦いがあり、自分との闘いがあった。そこで話は、ふたつの試合のことになる。一九二二年度の、シカゴ郊外のスコーキーにおける全米オープンと、ボストン近郊のブルックラインでの全米アマチュア選手権である。スコーキーでは、わたしはサラゼンにわずか1ストローク及ばなかった。最終ラウンドの17番ホールでつまずいたのだが、このホールではあの偉大なる老ジョン・ブラックもミスを犯して、結局わたしと二位を分けた。

この一九二二年のシーズンは、手術で始まった。前年さんざん苦しめられた静脈瘤のために、左脚を四度も手術しなければならなかったのである。やっと退院できたのが、ホーム・コースのイースト・レイクで開かれる南部アマチュア選手権の二週間前だった。練習ラウンドを9ホール回っただけで試合の日を迎え、練習場で三十分ほどアイアンを打ち、左脚にはまだ包帯をしたままで試合に臨んだ。

このトーナメントは、それまで出場した何日にもわたる長期の試合で、わたしがもっともいいスコアをマークしたものだった。コースは6700ヤードで、パー72である。わたしは幼なじみのペリー・アデア、マイアミのタブ・パーマと三人、75で何とか予選を通ったが、この予選のスコアにつづく五試合のスコアを含め、パーより10ストロークもよかったのである。結局、このトーナメントに勝ち、偉大なるジョージ・W・アデア記念トロフィーに名が刻まれた。以後、わたしは南部アマチュア選手権に出場していない。ペリーは翌年、バーミンガムのルーバックでこの選手権を獲ったので、立派なスポーツマンであったと同時にアトランタと南部ゴルフ界のために誰よりも尽くした——とわたしは思う——彼の父を記念するカップに、わたしたちふたりの名前は並んで刻みこまれているわけだ。

スコーキーのコースは易しい、と思った。思ったようにゲームができ、3ラウンド目までを74—72—70で回った。この調子で二打ずつスコアが縮まっていくと、最終ラウンドは68が出せるわけだと思ったのを、いまでも覚えている。そして、第3ラウンドが終わってビル・メルホーンと首位タイになったとき、これはいい位置だと感じてもいた。もしビルがもっといい成績だったら、どう受けとっていただろうかと思うが、ともかくわたしたちは並んでいたのである。第1ラウンドでは、ウォルター・ヘーゲンが68でトップにたった。わたしは彼と一緒に回って、六打も離されてしまったが、ウォルターは次の9ホールでコースのあらゆるトラップにつかまり、わたしは彼に追いついた。

そういう次第で最終ラウンドをスタートしたとき、わたしは勝てるだろうと感じていた。ジーン・サラゼンは一時間半前にスタートしたが（わたしはジョージ・ダンカンとプレーしていた）、首位とは4ストロークも離されていたので、誰ひとり彼がチャンスをつかむだろうなどとは思っていなかった。しかし、彼は素晴らしいラウンドを展開し、わたしが10番のティーまで行ったときにはちょうど彼が最終グリーンをホールアウトしたところで、68であがったという声が火花のように伝わってきたのである。

わたしは衝撃をうけた。というのも、第4ラウンドでもくろんでいた68という数字が出せるほどスコアは伸びていなかったからだ。じっさい、アウトのスコアは36で、ジーンとタイになるには後半も36で回らなければならないのだ。

ここに、メダル・プレーの重圧がある。この大詰め近くにきて、なすべきことが知らされるのである。自分が見ることができ、戦うべき相手というのが、いつどこでミスを犯しかねない人間のわけではない。すでに成績表に書きこまれた、鉄のごとくに冷徹なスコアなのだ。プレーすべきホールはまだ多く、ストロークも多いのである。わたしはペースを保つと同時に追いあげようと、ふたつのことを試みた。どちらが難しいのか、よくわからない。が、どちらにもせよ、わたしにはマッチ・プレーの場合よりはるかに難しいのだ——わたしがメダル・プレーの試合でむしろ成功しているために、世間では逆のように思っているが。

さて、10番ホールでパットをミスし、1ストローク失った。どこかで取りかえさなければならなかったが、12番でまたもやピッチ・ショットでグリーンをオーバーさせ、もう一打落としてしまった。かつてなかったほどわたしは懸命にプレーしていた。14番で35フィートものパットを沈めてバーディの3をとったときには、ボールがカップに落ちた瞬間、芝生の上に倒れてしまったほどだった……ボールをホールに入れようと、人のいうボディ・アクションというのを無意識のうちにやっていたのだろう。

わたしは1ストローク、取りかえした。もう1ストロークは、いいショットをふたつづければ二打で届く、500ヤードにみたないパー5の最終ホールで取りもどせるだろう。15番でバーディをとりそこなったが、16番をパーでおさめ、17番ではグリーンのほうへまっすぐ、フェアウェイ左にある土手の高いバンカーの上を越えてロング・ドライブを打った。ここで計算違いが生じたのである。ここでパーの4をとり、最終ホールでバーディの4がくれば首位のジーンに追いつけるはずだった。ドライバー・ショットは非常に距離が出ていたので、大きいグリーンに向かっては易しいアイアンのショットをすればいいはずだった。が、ボールはおかしなキックをして左へはね、木の下の路の悪いライにとまってしまった……グリーンの傾斜をうまく駆けのぼってくれればいいがと思いながら、わたしはボールを転がしたが、グリーンのフロント・エッジにやっと届いたと思ったら、また逆に転がり落ちてきた。寄せに失敗し、パットも入らずに5を打って……それでもわたしは、最終ホールでイーグルの3を狙って果敢に攻めたが、第二打をプルしてボールはグリーンの奥まで行ってしまった。それを寄せ、いいパットをしてバーディはとれたが、やっとジョン・ブラックと並ぶにとどまった。彼は9ホールを残してわたしよりも勝つチャンスがあったのだが、やはり17番ホールで6を叩き、脱落したのだった。

スコーキーの試合が終わってアトランタへ帰る途中、O・B・キーラーが慰めるように、もしわたしが彼ぐらいの下手くそなプレーしかできなかったとしたらどうするか、と訊いた。ゴルフがもっと愉しいだろうと、わたしは答えた。本気だった。選手権への挑戦が、ちょっとやりきれなくなっていたのである。

全米オープンで、徐々にではあるが順位はあがってきた。一九二〇年、わたしは八位だった。一九二一年には五位だった。そして今度は二位である。だが、二位と選手権者との間には、埋めがたい差があるのだ——それにまた、一九二五年にわたしが経験したように、首位タイとチャンピオンとの間にも、である。この呪うべき選手権——たった1ストロークの違いでひとりは全米オープン・チャンピオンとなり、ジョンとわたしのふたりは単なるランナー・アップに終わってしまうのだ。アトランタへ帰ったら、何だかがっくり疲れて、自分がずいぶん年をとったような気がした。

じっさい、選手権を勝ちとるというのは苛酷なことである。どのナショナル・オープンにも三百人かそれ以上の選手が参加し、百人かそこらが予選を通過する。そのうちひとりかふたりか、あるいは三人か、ひょっとして半ダースぐらいのプレーヤーが絶好調で試合を迎えているであろう。そして、わたしはその参加者の中のひとりにすぎず、もし最高の調子でないとしたら、とても優勝など争えるはずはないし、かりに最高の当たりをしていたとしても、どういうわけか、他にやはり絶好調の選手がいるのである。運が結果を決めるのだ。こんなことをいうと自惚れているように聞こえるかもしれないが、正直なところ、わたしはかつてナショナル・オープン選手権で思うとおりのいいゴルフができたことがない。カナダ・オープンを一回、全英オープン二回を含めて十回、ナショナル・オープンに参加し、その合計40ラウンドのうち、70を切ったことが一度だってないのである。たいていの選手は、70以下で回ったことがあるのに、だ。今後も60台のスコアが出せるかどうか、わたしは疑わしいと思っているのだが……。

さて、一九二二年のブルックラインにおける全米アマチュアについて話してみよう。ここでわたしは、ジェス・スウィーツァーに完膚なき敗北を喫する。

注18　O・B・キーラー
ボビー・ジョーンズの少年時代からそのゴルフに注目し、ゴルフ生涯を通じて見守っていたゴルフ・ジャーナリスト。本書もO・B・キーラーがまとめたものである。古代ギリシャ語やラテン語までマスターした博覧強記の教養人で、ボビーの人格形成に非常な影響も及ぼした……といわれている。

注19　ロガンベリー・アイス
ロガンベリー（ラズベリーとブラックベリーを交配した果実）を入れたアイスクリーム。

1921年全米アマチュア選手権（於／セントルイスGC）。左から、ジェシー・ギルフォード、トミー・アーマー、フランシス・ウィメット、ボビー・ジョーンズ（19歳）。ウィリー・ハンターに敗れ2位

第九章　進撃

一九二二年八月、ジョージア工科大学の機械工学科を卒業したばかりのわたしは二十歳、ロング・アイランドのサザンプトンにあるナショナル・リンクスで行われる国際試合ウォーカー・カップに初めて出場し、つづいてボストンのすぐ郊外のブルックラインで開催される全米アマチュア選手権に参加するため、北へ向かった。

汽車の中でキケロの『カティリナ弾劾』を一所懸命に読んだことを覚えている——。そのときわたしはハーバードに入って学士号をとろうと、ラテン語を猛勉強していたところだったからだ。キケロの自負心が羨しく思ったのも、はっきり覚えている。もし自分がゴルフの能力に対して、キケロがみずからの政治家としての才能に抱いていたほどの自信が持てたとしたら、いくつもの悔いを残した試合でもっといいプレーができただろうと、考えたりしたものだ。ご存知のように、キケロは自分を憎悪したりすることとはまったく縁のなかった人物である。

ナショナル・リンクスにおけるウォーカー・カップで、アメリカ・チームはきわめて効率的に勝利をおさめた。わたしはシングルスでロジャー・ウェザレッドと当たり、お互いにいいゲームを展開したが、わたしのパッティングがしばしばピンチを救ってくれたのに対し、彼がドライバー・ショットをとてもまともにはボールを打てない深いラフへプルし始めたので、やっと勝てたのである。フォアサムではジェス・スウィーツァーと組んで〝ずんぐり〟ホーマンとウィリー・トーランス組を破った。ところが、わたしたちふたりは次の機会に直接戦うことになり、ジェスが最高のプレーをすることになった。

それは、わずか数日後のことである。ブルックラインでの予選初日は素晴らしい天気だったのに、翌日はゴルフのトーナメントでかつて経験したこともないような土砂降りになった。にもかかわらず、いく人かの選手は目覚ましいプレーをした。チック・エバンスは18ホールすべてを豪雨の最中に回ったが、74であがってきた。わたしは晴天だった初日に73をマークし、この日はほとんどのホールを激しい雨の中でラウンドし、72でフィニッシュできたのでいささか得意になっていたが、前日74で回ったジェス・ギルフォードが雨中で70というスコアであがり、トータル144でメダリストとなった。わたしは145で二位、スウィーツァーはごくふつうの出来で152で回り、10ストロークの余裕をもって楽々と予選を通過した。

マッチ・プレーが始まると、ジェスはまず一回戦を10アンド9の大差で勝ち、次いで前年セントルイスでわたしを破ったウィリー・ハンターを7アンド6で下し、騎虎の勢いでギルフォードを4アンド3で撃破してしまった。エバンスはジョン・アンダーソンと大接戦を演じたすえに、実力どおりに勝ちあがっていた。

わたしはといえば、それまで名前も知らなかったふたりの選手——ジェームズ・B・ビードルとウィリアム・マックフェイル——を相手に散々苦戦し、次の対戦ではボブ・ガードナーと雨の中でいつもながらの激闘をくり広げたが、幸運にも勝ち残れた。ルディ・ネッパーはふたりのイギリス選手、トーランスとシリル・トレイを破った後、フランシス・ウィメットにも勝つという目覚ましい躍進ぶりだった。彼は素晴らしく当たっていたが、準決勝でチック・エバンスが11アンド9で破った。一方では、スウィーツァーとわたしの試合が進んでいたが、36ホール・マッチの2ホール目で痛烈なショックを味わうはめに陥った。あのときのことを思い出すと、五年近くたったいまでも、眩暈《めまい》がして足もとがふらつくような気がするほどである。

わたしたちは1番ホールを、何となくしまらないゴルフで引き分けた。2番ホールはドライブの後、丘の上へピッチしていくのだが、わたしの第一打は彼のボールよりちょっと前に出ていた。ジェスのボールはグリーンまで90ヤードぐらいで、彼はかつて多くの選手を墓場へ追いやった正確無比のスペードを使った。しっかり打ち抜き、ボールがグリーンに落ちるのが見えた。と、わたしたちより先行してグリーンを取り囲んでいたギャラリーの間から、ウォーッという大歓声があがったのだ……ジェスのボールはカップ・インして、イーグルの2！　……もちろん、まだわたしには引き分けに持ちこむショットが残っていたし、全霊をこめてボールを打った。ギャラリーから、また歓声があがった。しかし、ボールはグリーンの上に残っていた……ホールからたった6インチのところに。バーディの3でも引き分けられなかったのだ。

いまでも折にふれて、わたしはあの一撃がもたらしたものを考えてみることがある。あれで気持ちをかき乱されたなどというつもりは毛頭ない。最初の9ホール、わたしのゴルフはあまり冴えなかった上に、不運にも見舞われた。6番グリーンではとても巧くピッチしたのに、ボールには黒々と土の塊がこびりついてしまい、カップ・インさせられなかったのだ。まるで卵を転がすみたいだった。ジェスは第二打をバンカーに落としたが、易々とこのホールを勝った。そしてインに折り返すとき、わたしは6ダウンを喫していたのである。

ジェスは、最高のゴルフを展開した。このラウンドで、彼はそれまで十三年間も破られないでいたコース・レコードを書き換えた。わたしが調子を取りもどして次の9ホールを34で回ったのに、彼がミスをした17番の1ホールだけ取り返せただけだった。午後のラウンドを、わたしは5ダウンでスタートした。もちろん必死でプレーしたが、彼のゴルフは精密をきわめ、わたしがミスをするたびにリードをくわえて、とうとう長い11番ホールを終わったところで、8アンド7でわたしの首をはねてしまったのである……クラブ・ハウスから一番遠いホールで負けたということは、わたしにとっては屈辱感をよけいに増幅させた。クラブ・ハウスに辿りついて腰を下ろしてひと息つくまでに、ほとんど1マイルも打ちのめされた体を引きずっていかなければならなかったからだ。

このときの試合でスウィーツァーは、過去の全米アマチュア選手権史上かつて見られなかったほど圧倒的なゴルフをしたと、わたしは思う。ともかく彼はウィリー・ハンターとジェス・ギルフォード、そしてわたしとチック・エバンスを連破したのである。誰もが難敵だったはずなのに……。わたしは生涯、忘れることはないだろう——彼は34ホール目で3アンド2でチックに勝ったのだが、実際上チックの息の根をとめてしまったジェスのショットのことを。チックは懸命に抵抗した。短い13番でミスをしてとられ、14番のティーにきたときには3ダウンとなっていたが、彼が見事なアイアン・ショットでピンそば6フィートにボールを乗せたときには、これで1ホール返せるかと思われた。が、スウィーツァーはアイアン・ショットを1フィートも近くへ落としたのだ。チックはパットをミスし、ジェスはそれを沈めてバーディの3だった。勝敗はここで決まったのである。

わたしが二十歳であった一九二二年は、このように推移していった。それまでにわたしは、全米アマや全米オープンなどナショナル選手権に十一回も出場していたが、まだ一度も優勝できなかった。苦悩が胸の中でうずき始めていた。ジェス・スウィーツァーが全米アマに勝った後でおめでとうをいったとき、彼はわたしに「ありがとう、ボビー。ぼくは昨日、最強の選手に勝てたんだ」といってくれたが、その親切な言葉すらが、後で考えては心を傷つけるほどだった。最強の選手とは、わたしを指していた。それは確かに讃辞には違いない。が、わたしには別の意味が含まれているように感じられてならなかったのである――偉大なゴルファーだって？　それならすでに何かに勝っていていいはずだ。偉大なゴルファーだって？　しかし、自分は勝てないのだ！　わたしは思い惑っていた。もし自分が本当に偉大なゴルファーであるとするなら――これはいったいどういうことなのか？　自分が偉大なゴルファーだって？　確かにいいショットが打てはする。その方法を探究せずにはいられない。しかし、それでわたしはゴルファーなのだろうか？　ひょっとして素晴らしいショットを勝利に結びつけることのできない、ただ単なる華麗なショット・メーカーとして知られるだけの、不幸な機械のような存在のひとりに過ぎないのではないか？

　わたしは深く考えこんでしまった。ブルックラインでの敗北で父が落胆していることは、わかっていた……可哀想な父よ！　父はフロスムーアで行われた全米アマチュア選手権にもう一度だけ応援にきて、わたしがまたもや負けるところを目にした。そのときから父は息子にとって厄病神なのだと決めて、以後二度とわたしの試合に姿を見せなくなったのである。ただ、昨年（一九二六年）のコロンバスの全米オープンにはやってきたが――このときも最後の数ホールまでは、相変わらず自分が厄病神ではないかと思っていたらしい。どうも、わたし自身よりも父のほうが、ずっと苦しんでいたようである。

PAR (OUT)	4	3	4	5	5	3	4	3	5	36	
B.JONES	3	2	4	4	4	3	4	3	4	31	
PAR (IN)	4	3	4	4	5	5	4	4	3	36	72
B.JONES	4	3	3	4	5	4	3	3	3	32	63

家に帰ったわたしは、ある土曜日の午後、イースト・レイクで父と、テス・ブラッドショーと、フォレスト・アゼア・ジュニアと四人でプレーした――それはブルックラインで選手権があった次の土曜日で、九月十六日のことだった。そしてこの日、わたしは自分のゴルフ人生で――決してベストのプレーとはいえなかったが――もっともロー・スコアを記録した。コースは6700ヤードでパーは72だが、パットがおもしろいように入って、63で回ったのである。パーが9ホールで、バーディが9ホール。思い出してみると、スコアは上のようである。

だが、これが何だというのだろう？　このラウンドについて人がいろいろ評判にしているのは耳にしたし、多くの新聞に書かれもした。そういう記事を読んだり、人があのラウンドについて口にするのを聞くたびに、思ったものだ――どうしてああいうゴルフが試合でできないのか。ブルックラインでジェス・スウィーツァーが69で回り、スコーキーの全米オープン最終ラウンドでジーン・サラゼンが68で回ったようなときに……わたしは一種、選手権コンプレックスにとり憑かれだしていたのだと思う。自分のゴルフを愉しい遊びであると思ったり、素晴らしいスポーツだと考えるかわりに、選手権を手にするための手段として、ずっと思いつめていた。それも、自分がチャンピオンになりたいという理由からではなく、みんながわたしはチャンピオンになれるはずだと考えているらしいという理由からである。

どの試合に出ても、わたしは優勝候補のひとりに挙げられた。それが、いつか神経に影響を及ぼしていた。ときとしてわたしは、ほとんど誰もが望んでいるチャンピオンという座につくことを拒むべき権利があるのかと考えて、自分が置かれている状況——というより自分自身——を嘲笑してみたくなったこともある……だからこそ、インウッドで行われた翌年の全米オープンが、何にもまして難しいものだったのだ。しばしば思い返してみるのだが、もしあの試合で、ふたつのショットのひとつにでも失敗していたら、決して選手権に勝てることはなかったであろう……永久にとはいわないにしても、一九二三年に全米オープンは獲れなかったはずである。ともかく、あれはひとつの危機だったと思う。それまでの長い途がインウッドで方向を転換してくれなかったら、途はその後もまっすぐ、日陰の中につづいたままだったに違いない……。

その年の秋、わたしはハーバード大学へ進んだ。学生生活は忙しかったが、毎日が充実していて愉しく、その間、ゴルフはほとんどやらなかった。翌年の初夏に帰省したとき、ロング・アイランドのインウッドで行われる一九二三年度の全米オープンに備え、やっと練習を始めただけである。それくらいだから、自分では出場する意味もないと思っていたが、スチュアート・メイドンが一緒にいってあげようかといって、随いてきてくれた。

インウッドに着いて、最初の練習ラウンドはお話にならなかった。このコースは素晴らしいが、狭くて難しく、不正確なゴルフを厳しく咎める。そのラウンドでわたしは、ティー・ショットからトラブルに打ちこみっ放しで、80を切ることもできなかった。絶望して、落ちこんでしまったものである。このインウッドでまたしても〝勝てない偉大なゴルファー〟(と相変わらず人びとはわたしを呼んでいた)という意識にとらわれて、重圧におしひしがれそうだった。この年の全米オープン、最終ラウンドの最終ホールで無惨な6を叩いたとき、わたしはその意識の重さの意味を、自分自身に説明できたようにも思う……その経緯を話してみよう。

案に相違して、トーナメントが始まって緊張感がみなぎってくると、ショットはすっかり立ち直り最初のラウンドを1アンダーの71でプレーした。ジョック・ハッティソンがマークしたベスト・スコア70に、一打遅れただけである。わたしは自分のゴルフに気をよくし、午後も73でラウンドした。自分でも満足だった。ジョックはこのラウンドでもわたしより1ストロークよく、142という見事なスコアだった。わたしは144。ボビー・クルックシャンクが午後を72であがり、トータル145で三位についていた。わたしたち以外に150を切ったのは、三人しかいなかった。それほどこのコースはタフだった。

いまにしてわかるが、全米オープンの第3ラウンドは、大崩れしやすく難しい。プレッシャーがかかって萎縮し、大事をとりすぎ、守りに入ろうとしてしまうのである。わたしはこの第3ラウンドがうまくいかずに76でフィニッシュしたが、驚いたことに、それでも3ストローク差で首位にたっていた。クルックシャンクは78を打ち、初日にリードしていたハッティソンは途中で崩れて82だった。54ホールを終えたところでわたしが220、クルックシャンクが223、ハッティソンは224ということになった。

自分のスコアをあらかじめ予定することがどれほど破滅的な愚行であるかを知ったのは、この全米オープンにおいてである。昼食のとき、午後のラウンドを73で回れば勝てるだろうと、わたしは思った。74でもいけるだろう。いや、75でも勝てるかもしれないと考えていた。そのときわたしは、あのオールドマン・パー以外を目標にするという、致命的な誤りを犯していたのだ。むろんまだパーだけを狙ってプレーに専念すべきだったし、ボビー・クルックシャンクやジョック・ハッティソンや他の選手のことなど、心から締め出しておけばよかったのである。が、後で回っているクルックシャンクが気がかりだったことを白状しよう。というのも、わたしに追いつけるチャンスがあるのは彼ひとりだけだと思われていたから……。

スタートは悪かった。アウトで2オーバーの38を打った。しかし、過去の3ラウンド、インでは35以上は打っていなかったから、それほど心配はしていなかった。事実10番で6フィートのパットを沈めてバーディの3をとり、つづく3ホールをパーで切りぬけ、長い14番ホールでまたバーディ4がきて、もうこれで大丈夫だろうと思った。トリッキーなパー3の15番は幸運なパーを拾った。ところがその直後、パー4ばかりの残り3ホール——それまで3ラウンドで12ストロークより多く打っていなかったのに、だらしなくも4オーバーして5—5—6のあがりになってしまったのだ。全米オープンのタイトルを掌中にするチャンスを、危うく逃がすところだったのである。

すべてはスコアをあらかじめ予定したことが、自分をこういう窮地に追いこんだのだと思う。スコアをあらかじめ予測してプレーすること、それはもろもろのハザードを考えてプレーするのと同じなのだ。それでもわたしは、16番ホールの第二打を引っかけてOBしてしまった後、打ち直したショットがマウンドでうまくキックしてピン6フィートに寄り、それを入れて5であがったのは幸運だったと思うべきだろう。17番では距離のあるピッチ・ショットを失敗して、またボギーの5を打った。そして最後の長くてややこしいホール、わたしは慎重になりすぎて、軽い逆風の池越えの第二打をスプーンで打ったのはいいが、これをポット・バンカーのもっと左へ引っかけてしまった……そこは12番のティー・グラウンドを囲む鎖の下で、競技委員がその鎖をはずしてくれる間、わたしは五分ほど芝生に座りこんで自分のどうしようもないプレーのことを考えていた。それから起きあがって、次のショットを見事ざっくりバンカーに落とし、憐れな6でフィニッシュしたのだ。

グリーンから降りてくる様子が、よほど惨めに見えたのだろう。O・B・キーラーが近寄ってきて、握手をするとチラッとわたしを見ていった。

「ボブ、君がチャンピオンさ。クルックシャンクは追いつけまいよ」

それでわたしは、心の中で思ったこと――というより、ずっと思っていたことを説明した。

「でも、ぼくはチャンピオンらしくフィニッシュができなかったんだ。まるで負け犬だよ」

わたしはそれからクラブ・ハウスの自分の部屋にいき、裁判官がやってくるのを待っていた――ボビー・クルックシャンクが判決を下すのを。

クルックシャンクは追いついた。彼が最終ホールにやってきた。途中で幾度かトラブルに陥り、16番では6を叩きながらも、ここをバーディであがればトップに並ぶのである。そして、彼はバーディを奪ったのだ……ゴルフの歴史上もっとも素晴らしいプレーだった。が、わたしにとっては、とても素晴らしいなどとはいっていられない事態になったのである。

とはいうものの、かりにボビー・クルックシャンクがわたしと同じく自滅してフィニッシュし、その結果として自分が首位におしあげられたとしたら、とても優勝をかちとったという気がしなかっただろう。単にクルックシャンクがタイトルを手放しただけだと思ったに違いない。なによりわたし自身が――たとえ他の選手がどういういプレーをし、あるいは失敗したにせよ――あがり3ホールでパーより4ストロークも落とし、負け犬さながらにフィニッシュしたことを痛切に感じていたからである。

あの最終ラウンドでわたしは、クルックシャンクのことを意識するという誤りを犯したが、本当は彼との戦いではなかった。オールドマン・パーとわたし自身の問題だったのだ。3ホールを残して、わたしはオールドマン・パーと並んでいたのである。ただ彼とだけ歩調をあわせてさえいれば……そう、プレー・オフなどしなくてよかったのだ。

さて、しかし、このプレー・オフは、果たしてわたしが本当に重圧のもとで絶望的なくらいに脆いかどうかを確かめる、絶好のチャンスとなった。後になって聞いたところでは、賭け率は10対7でクルックシャンクがわたしを破るほうに傾いていたそうだ。追いついたほうが精神的に優位にあるからだ……が、スタートしたとき、わたしは特に動揺してはいなかった。というよりただ夢中で、動揺している余裕もなかったのだ。わたしたちふたりのゲームは、奇妙に展開した。なにしろ18ホール中、ともに同じスコアだったのがわずかに3ホールしかなかったのである。最初の6ホールをわたしはパーであがったが、2ストロークもリードされた。クルックシャンクは見事なゴルフをしていた。

7番のパー3――フェアウェイは小路のように狭く、しかも両サイドがOBという223ヤードのホール――、クルックシャンクが先に打ったが、安全にアイアンを使い、ボールはグリーン手前だった。わたしは決断を迫られた。彼と同じくアイアンで安全に打っていくか、それとも1ストローク縮めるためにスプーンでグリーン・オンを狙うか――もちろん、それでもちょっとでもボールを曲げればどちらかのOBにつかまり、即座に全米オープンのタイトルを霧消させてしまうことになる。……わたしに優勝をもたらすこととなった18番ホールのアイアン・ショットについては、後にずいぶん書かれることになったが、緊張度において、このときのショットに比べられようもなかった。7番では、まだ思考力があったからだ。18番のアイアン・ショットについて、わたしは何も覚えていない。ただ、ボールがグリーンの上、しかもピンの傍にあるのが突然、見えただけなのである……ともかく、7番でわたしは決断しなければならなかった。スプーンをバッグから抜いて、ボールをグリーン・オンさせた。クルックシャンクはチップでデッドに寄せられず、10フィートのパットをはずしてわたしは1ストローク縮めた。次のホールで、彼はまた10フィートのバーディ・パットをミスし、9番で5フィートのパットもはずして、ふたりは並んだ。

つづいて短いパー4の10番ホール、わたしたちは失敗を重ねて5と6だった。それでも1ストロークリードしたわけだ。次のホールはともに5であがり、短い12番でわたしはピンそば2フィートにくっつけて、2ストローク離した。しかし、それも束の間、500ヤードの14番ホールでクルックシャンクはイーグル逃がしのバーディ、つづけて15番のパー3では彼が4であがったのに対し、わたしが無理して5を叩き、たちまちまた並んでしまった。16番でわたしが1ストローク差をつけると、次のホールで彼が取りかえし、最終ホールを残してふたりはまたまたタイ・スコアになっていたのである。

緊張でわたしたちは倒れそうで——すくなくともわたしは倒れる寸前だった。クルックシャンクはドライブを引っかけ、ボールは木の後ろの道路まで転がった。第二打でグリーンを狙うことはできず、アイアンで池の正面へうまく刻んだ。わたしは第一打をスライスさせ、ラフに打ちこんでいた。行ってみると、ボールは固いベア・グラウンドにあった……ここでふたたび、安全に刻んでいくべきか、それともグリーンまで池越え200ヤードをアイアンで狙っていくのか、考えをめぐらせたのだろうとは思う。が、そのときのことは記憶に残っていない。スチュアート・メイドンがすぐそばにいたが、後で彼が話してくれたところによると、わたしはかつてなかったほど素早く、しかも大胆に打ったそうである。2番アイアンをバッグから引き抜き、目一杯振り回したという……のだが、グリーンの上のピンそばにボールがあるのが、不意に目に映った。気がついたら、誰かがわたしの腕を叩いていた……わたしは4であがり、クルックシャンクが6で、このホールを勝った。そして全米オープンのタイトル……。最初に思ったことは――「何が起ころうが、わたしの知ったことか」。しかし、ともかく、わたしは勝ったのである。

1923年、全米オープン悲願の初優勝（於／インウッド）。ボビー・ジョーンズ21歳。クルックシャンクとプレーオフの末の勝利。弾けた笑顔

第十章　稔りなき七年の後に

稔りのなかった七年から脱けだし、一九二三年度のインウッドにおける全米オープンで初めてメジャー・タイトルを手にした後の試合について、どう話を進めていくべきかよくわからない。ともかくわたしは、それまでの七年間に十一度もナショナル選手権に出場しながら、一度として勝てなかったのである。それが、インウッドでその壁を突破したら、それ以後、事態がいささか変わり始めたのだ。

こういったりするのは妙なことかもしれないが、あのときからいままでの十回にわたる選手権で、以前の十一回のときのプレーに比べて、特に書いておかなければならないようなことがあった、とは思えない。にもかかわらず、前の十一回では勝てず、後の十回では五度も——しかも四年のうちに勝ててしまったのである。やはり、インウッド以降、何かが変わったのだろう。

一九二三年も終わり近く、フロスムーアで行われる全米アマチュア選手権に出場するため、シカゴへ赴いたときのことを思い出す。評論家たちはみんな、わたしが間違いなく勝つだろうといっていた。いまやわたしもタイトルをわが手にしていたわけだし、要するにチャンピオンたる者の味を経験している。が、試合が始まってみたら、第二回戦でマックス・マーストンに一蹴され、早々に選手権から撤退を余儀なくされてしまったのだ。もちろんがっかりはしたが、ブルックラインのときほどの心の痛手はなかった。なにしろ、ナショナル選手権に勝っているのだから。その晩、ホテルで

Ｏ・Ｂ・キーラーに、自分は全米アマ選手権でプレーしつづけても、もしかして生涯一度も勝てないのじゃないだろうかと話したのを覚えている。

「ぼくは今回、二回戦で負けちゃった」

とわたしはいった。

「これで一回戦以外、すべてのラウンドで負けたわけだよ。この分だと、来年のメリオンでは一回戦で負けちゃうかもわからないな」

彼は答えた――。

「確かにね――だけど君は、決勝戦以外のすべてのラウンドでは勝ってるんだ。その最後のが、メリオンで達成できるかもしれないじゃないか」

まさに、そのとおりになった。が、まだ話はそこまで進んでいない。二三年、フロスムーアでマックス・マーストンに敗れはしたが、インウッドでは勝った。そしていわせてもらえるなら、マックスは決勝戦で38ホール目のグリーンでスウィーツァーを下して、選手権に勝利をおさめたのである。わたしもマックスに対しては熱い戦いを展開した。午前のラウンドではコース・レコードを書き換え、2アップしていたのだが、17ホール目から35ホール目までの19ホールで、マックスは5ストロークものアンダー・パーでプレーしたのだ。わたしが自滅して彼を勝たせたわけではないことが、わかってもらえるだろうと思う。そういう次第で、Ｏ・Ｂ・キーラーにいったように、自分は全米アマチュア選手権には決して勝てない運命なのだと思い定めた。誰かがいつでも、わたしの前でバカ当たりするのだ。

とはいうものの、わたしはフロスムーアからいくらかの慰めと、トーナメント・ゴルフについての貴重な教訓を得ていた。チック・エバンスとわたしは36ホールのメダル・プレーを１４９で首位タイとしながら――フロスムーアのパーは74だ――ふたりともマッチ・プレーでは早々に負けてしまったので、マーストンがわたしを破った翌日、ふたりはプレー・オフでメダリストを決めることにした。わたしはストローク・プレーのコース・レコードをまた更新し、72で回って76のチックに勝った……そして、どうして自分はマッチ・プレーだとこういうふうにプレーができないのか、と思い悩んだ。それこそわたしが学んだ教訓なのであり、それが答えでもあった。もしわたしがメダル・プレーの試合ではそうしているように、マッチ・プレーでもあのオールドマン・パーを相手にプレーさえしていれば、（不謹慎ないい方だが）相手を悪魔のもとに追いやれたろうし、あれほど苦しい戦いをしなくても――いや、たとえしたとしても、神経をかき乱されることはなかったはずなのだ。よし、今後はそうしてみようとわたしは考え……それは非常によい結果をもたらした。

フロスムーアにおける敗戦の後、四回のアマチュアのナショナル選手権でちょうど二十試合戦ってきたが、そのうちの十八試合に勝ち、負けたのは二ゲームだけにすぎない。ひとつはミュアフィールドにおける全英アマチュア選手権の六回戦でアンドリュー・ジェミーソンに敗れたのと、もうひとつはバルタスロールの全米アマチュアの五回戦（決勝戦だった）で、ジョージ・フォン・エルムに敗れたのと、である。ジェミーソンはゲームを通じてどのホールでもパーを越えることなく、結局2アンダーで回ったし、ジョージはわたしたちがプレーした35ホールを1アンダーでプレーしたのだ。どちらの場合も、わたしは不満に思ったりしなかった。ジェミーソンとのゲームでは2オーバー、ジョージとの試合では1オーバーで回っていたのだから……。

ここで、わたしが得た感想を述べておこう。世間では、わたしがマッチ・プレーよりはメダル・プレーに長じたプレーヤーだという見解がふつうのようだ。が、わたし自身は、両者の間にそれほど違いがあるとは思えないのだ。たまたまメダル・プレーでちょっとばかり成功し、いい記録を残しているだけにすぎない。スコア・カードを調べてみれば、マッチ・プレーでもメダル・プレーでも、わたしはほとんど同じようにプレーしていることがわかるはずである。メダル・プレーにおいては勝負を72ホール目まで持ちこめるだけのプレーが十分できるのに、マッチ・プレーでは18ホールか36ホールで阻止されてしまうほどの素晴らしいゴルフに遭遇してきたのは、わたしに運がなかったからだというしかないと思う。

フロスムーアでのマーストンに対する2ラウンド、バルタスロールにおけるフォン・エルムとの2ラウンドは、どちらも勝つのに十分なスコアだったとはいえないにせよ、オープン選手権の2ラウンドとしてだったら、けっこう満足できるものだった。実際、そのラウンドのどちらの場合でも、ついこの間のコロンバスにおける全米オープン選手権の前半36ホールの成績よりもいいのだ。このときは、前半を終わって首位に6ストロークの差があったが、その差は後半の36ホールで勝利をもぎとるだけの余裕をまだ残していたのである……。

とはいうものの、それでも自分はやはりメダル・プレー向きのプレーヤーかもしれないという気はしないでもない。ちょっと感じが違うのである。マッチ・プレーをしているとき、各ホールがそれぞれ独立している勝負の場であるという事実が、なかなかうまくのみこめないのだ。1ホールで10ストロークも叩いたとしてもただ1ホール失うだけにすぎず、次に3であがればその負けは取り返せる——というところがよくわからないのである。これがメダル・プレーで、1ホールで10を打ったら——たちまち選手権よ、さらばなのだ。したがってわたしは、メダル・プレーをしているときには、大きなかっちりした建物でもつくっているような気になるのである。一階、一階と階を重ねてビルディングを構築していくように、パーのホールを重ねていく。そして、あるホールで短いパットをミスしたら、どこかのホールで長いパットを沈めて取り返す。ストロークを節約すること——これこそが、わたしの答えだったのである。

いまわたしは、五、六年前に比べていいゴルフをしているわけではない。短気をコントロールできるようになって、よい結果を生むようになったとよく書かれたりするが、それもまったく当たっていない。簡単なショットをしくじれば、以前と同じくカッと頭に血はのぼるのだ。ただ、クラブを投げ出さなくなったというだけなのである。ショットがよくなっているわけではないし、むしろピッチなどはまだメジャーに勝てなかった昔のほうが、ずっとうまくいっていたくらいなのだ。

それなら、わたしができるようになったのはどういうことかといえば——ちょっとしたことで四年間にメジャー・タイトルを五回も獲れることになったのだが——それまで不注意や愚かなプレーによって簡単に失っていた1ラウンドの中の1ストロークを、ただ落とさないようにしただけである。実際のところは、1ラウンドで1ストロークもなかったかもしれない。オープン選手権の場合で考えてみると——4ラウンドのメダル・プレーという意味である——、4ラウンドで2ないし3ストロークのものであろう。つまり、1ラウンド当たり0・5ストロークか、せいぜい4分の3ストロークのことなのだ。

ストロークがいかに容易に浪費されるものかという例なら、いくらでもあげることができるし、皮肉なことにわたしが勝てたナショナル選手権からでさえ好例がある。たとえば一九二六年の七月、コロンバスにおける全米オープン——正直に告白するなら、わたしは短気、不注意、それに愚かな試みからずいぶんストロークを失っているのである。

あのナショナル・オープン選手権のときぐらい悪いラウンドを、かつてしたこともない。すべてが悪いほうへと流れていた。プレーも悪かったが、ついてもいなかった。10番ホールで、わたしのボールは石垣にくっついたところに止まってしまったが、この石垣はウォーター・ハザードの一部と定められていたので、1ストロークのペナルティを払わなければならなかった。その後、何とか頑張って、これなら74であがれそうだと思っていた。最初のラウンドは70で回っていたから、74ならまだ首位にそう遅れはとらないはずだった。

15番ホールのグリーンにきた。パターをボールの前におろし、ブレードをラインに合わせたとたんに、何とボールが転がってしまった――グリーンのきつい傾斜にあったボールは、強い風に押されてやっと止まっていたのだが、パターが風を遮ったために1インチほど動いてしまったのである。ここでまたペナルティを払うことになった。まるで誰かにいじわるされてるような気がしたものだ。それでもまだ75であがるチャンスは残されていた。が、17番で3パットをしでかし……まったくのところ、わたしはくたくたに疲れ、気抜けし、むかむかし、なおかつ頭にきていた。いまや、480ヤードのホーム・ホールでバーディの4をとらなければ76ではあがれない。

わたしは渾身の力で、ドライバー・ショットした——いや、渾身の力以上の力を入れてである。が、タイミングが遅れ、ボールはコロンバス独特の、雑草のような深い右ラフに入ってしまった。フェアウェイの前方150ヤード向こうには、深く大きいバンカーがある。マッシーかスペードでバンカー手前のフェアウェイにボールを刻み、グリーンを狙う易しいピッチを残すべきだった。が、そうはしなかった——わたしは怒り狂っていたのだ。二番アイアンを抜き出し、バンカーを一気に越え、ショート・アプローチでバーディの4がとれるところまで寄せるつもりになっていたのである。わたしは深いラフの中でアイアンを振り回した。ボールは20ヤードほどしか飛ばず、まだ枯れ草の中にあった。当然の結果だったろう。わたしはクラブを替えようともせず、スタンスをしっかりとりもしないうちに次のショットをし、引っかかったボールはフェアウェイを横切って反対側のラフに転がりこんだ。そこからのピッチを失敗してグリーン・オンも果たせず、その後でピンまで5フィートに乗せた——が、パットを失敗したのだった。惨めにもこのホールで7を打ち、ラウンドを79で終えた。

全米オープンにおける最悪のラウンドである。首位からは6ストロークも離されて、この差はほとんど挽回不能なくらいに思えた。このうちの2ストロークは、まったくの浪費でしかなかった。ばかばかしい、思慮に欠けたプレーによって引き起こされたものである……が、翌日、最終の9ホールを残して[注20]ジョー・ターネサに4ストローク遅れていたにもかかわらず、あの浪費したストロークを一気にとり返した。1ストロークの差でわたしは勝った――が、すんでのところで、同じ年に全英、全米オープン選手権を掌中にするチャンスを逸すところだったのだ……。

冷静で決して無駄遣いをすることのないオールドマン・パー！　彼を友とし、いつも競いあうなら、他のプレーヤーに心を乱されることはない。世間では、わたしがバーディをたくさんとらないからという理由で、あまりマッチ・プレーには向かないという。が、わたしはオールドマン・パーがそうさせてくれるかぎりは、彼に忠実に従っていくつもりである。実際、わたしがこれまで参加したオープン競技で、ごくわずかな例外を除けば、パー・プレーで優勝できなかった試合はなかったのだ。オールドマン・パー――彼は1パットであがることはないが、決して3パットは犯さないのである。この次にプレーするときも、彼とともにショットをしていきたいものだと、わたしは痛切に願っている。

こうしてフロスムーアにおける敗戦から比較的早く立ち直り、翌年、デトロイトのオークランド・ヒルズにおける全米オープンは、インウッドのあの恥ずかしい失敗をいささかなりと慰められるような成績で、フィニッシュした。475ヤードの72ホール目、わたしは強烈な逆風の中でバーディの4をとり、301ストロークですでにゲームを終えてトーナメントの首位、ビル・メルホーンに一打差をつけていた。しかし、その後から風の中で見事なゲームを展開したシリル・ウォーカーがあがってきて、三打もの差でわたしを破ってしまったのである。またもや二位に甘んじることになったのだ……。

それから、わたしはメリオンへ行った。八年前に初めてナショナル・トーナメントで戦う半生を始めたコースだったが、改めてここへもどってきたとき、今度の全米アマチュアでは、どのラウンドでいったい誰が自分を負かすことになるのだろうかと、興味津々だった。が、そのかたわらで、できるものならマッチ・プレーの試合でメダル・プレーにおけるのと同じようなゲームをしようと決心していた。

この方法は、じつに効果的だった。どの相手も脅威にはならなかったし、第2ラウンドでダッキー・コークランに対して5アップ・ドーミーになった後で、彼の必死の巻き返しに肝を冷やしたのを除けば、強いプレッシャーを感ずることもなかったのである。パーだけを相手にプレーをしていたおかげで、その日の午後のラウンドで、ルディ・ネッパーが連続バーディでスタートをきったときでも動揺もしないでいられた。同様に、フランシス・ウィメットと対戦したときにも……わたしはフランシスと戦うのが嫌だったので、なおさらパーであがることだけに専念した。その結果、八年前にボブ・ガードナーを相手にわたしが自滅を始めたあの26番目のホールのグリーンで、試合は終わったのだった。もちろん、このトーナメントを精密にパーばかりでプレーしたというつもりはない。が、ほとんどオールドマン・パーについていけたし、それで十分すぎるほどだったのである。

かくて、わたしは全米アマチュア選手権をも掌中にした。相変わらず、昔ながらのゴルフの流儀でプレーをしていたのに。表彰式を待ってる間、クラブ・ハウスの前にある練習グリーンで、傲慢にも考えていたことを思い出す。

「へえ、勝っちゃったんだ。何も特別なこともしなかったっていうのに！」

つまりそれは、自分がそれまでやっていたことを超えることは何もしなかったのに、という意味である。このときは、ただわたしを凌駕する者がいなかっただけのことであり……いや、翌一九二五年、ピッツバーグ近郊のオークモントにおける全米アマチュアでも、同じことだった。誰ひとりアンダー・パーで向かってきたプレーヤーはおらず、ただひとり、アトランタからやってきたわたしの舎弟分であるワッツ・ガンだけが、アンダー・パーのゴルフを展開しだした。

実際、ワッツはこの年の全米アマにおける、話題以上の存在だった。彼はまったく無名で、大試合に出場するのも初めてだったが、緒戦の相手であるヴィンセント・ブラドフォードに対し11ホールを終わって3ダウンを喫していたにもかかわらず、そこからどんなメジャー・トーナメントにもかつてあったためしのないような快進撃を開始して、勝ってしまった——つづく15ホールを連続してとり、26ホール目のグリーンで11アンド10で相手を下したのである。それだけに留まらず、彼はさらに会心のプレーをつづけ、あの偉大なオークモントのコースで50ホール連続してパーを連取し、その間、ジェス・スウィーツァーを10アンド9の大差で一蹴した。かつてジェスはこれほどの差で負けたことはなかったし、三年前にブルックラインで彼自身がわたしに大差で勝った試合よりも一方的なゲームだった。こうしてワッツとわたしは決勝戦で相まみえたのである。

わたしたちは同じクラブの仲間であり、心を許しあった友だち——まわりでは師匠と弟子と呼んでいたが——だったが、最初のラウンドのアウトも終わらないうちに、わたしはなぜワッツの父君に頼みこんで彼をオークモントへ出場させたりしたんだろうかと、悔いに似た気分を味わっていた。

簡単にいえば、12番ホールのティーに立ったとき、わたしはパーより一打よかったのに、それでも1ダウンを喫していたのだ。ワッツはそれまで目にしたこともないような、素晴らしく神がかり的なゴルフをしていた。これ以上のゲームを見たことのある人がいるだろうかと、疑ってみたほどである。わたしも最高のゴルフをしていたから、つめかけていたたくさんのギャラリーたちは目も眩むばかりだったろう。わたし自身も、同じように酔っていたと思う。

さて、思い出してほしい——この12番は六年前に、デイビー・ヘロンとの試合でメガホンの声の衝撃がわたしを壊滅させてしまったホールである。記者たちはこのホールを〝幽霊ホール〟と呼んでいて、この一九二五年におけるわたしの危機は、あの不快な記憶によって、神経を乱されたからであろうと推測したりしていたものだ。……が、ともかく、前にも述べたように、ゴルフの運というのは、長い間には誰にも平等になるものである。六年ぶりでわたしは、オークモントの〝幽霊ホール〟に対していた。そして今回は、舎弟分がさながら神に魅入られたようにプレーして、わたしを圧迫していた。わたしの第三打は（600ヤードのホールだ）グリーンそばのバンカーに入り、一方ワッツのボールはパーの5は確実なところに乗った。バンカーの中へおりていったとき、わたしは確信していた――もしこのホールをワッツにとられるようだったら、決して挽回できないだろう、と。彼は見たこともない入魂のゴルフをしていた。いまや2アンダー・パーで、なおまたホールを奪おうとしているのだ。

そう、運はわたしの味方だった。それだけのことである。記者たち――の中の幾人か――は後で、ゲームの主導権はずっとわたしの手中にあって、相手の少年が崩れるまでプレッシャーをかけていたのだ、と書いたりした。しかし、わたしが思うには、あのバンカー・ショットをうまく出し、10フィートのパットを入れて引き分けに持ちこめなかったら、〝幽霊ホール〟はふたたびわたしを奈落の底に突き落とすことになったはずである。

こうしてパーの5でこのホールをハーフにし、それから追撃を開始するきっかけを得た。残る6ホールを3―3―4―3―3―4でプレーし、2アンダー・パーでラウンドを終え、ワッツに4アップした。そして午後のラウンドを4と3でスタートし、これで大勢は決まったのだった……が、この試合を分けたのは〝幽霊ホール〟の10フィートのパットだったと、わたしはいまでも信じている。

奇妙なことに、この新しいゲームの進め方は全米アマチュア選手権では見事な成功をおさめたのに、一九二五年のマサチューセッツ州ウォーセスターにおける全米オープンでは、前年のオークランド・ヒルズのときと同様に、またもや準優勝に甘んじさせた。ウォーセスターで、わたしはパーとウィリー・マクファーレンに対していい戦いを挑んだが、どちらにも及ばなかった。初夏のことである。敗れ去るには、惜しい試合だった。第1ラウンドは77というすごいスコアで三十六位と遅れ、ある新聞はこれでわたしが勝つ目はなくなったと計算していた。午後は70で回り、十位に上がった。翌日の午前はまた70でラウンドし――ナショナル・オープン選手権では70以上のいいスコアが出たことがないのだ――四位になった。そして最終ラウンドでは、例によってみんながスコアを崩している中で74であがり、タカホーのプロで長身の眼鏡をかけたウィリー・マクファーレンと首位タイを分けることになったのである。

猛追撃してきてのプレー・オフだったから、わたしは何としてでも勝ちたいと思っていた。最初のラウンドで、ウィリーはわたしよりずっといいプレーをしたが、14番ホールでショート・ピッチがそのままカップ・インする幸運にも助けられて、わたしは75で彼とタイであがれた。二回目のプレー・オフでは、わたしは9ホールをとてもいいゴルフをつづけ、彼に4ストロークの差をつけた。自分の勝ちは間違いないと思った。が、バック・ナインをウィリーは2でスタートし、わたしが4を叩いてがっかりしていた13番ホールでまたもや2を出した上に、長い15番でとうとうわたしに追いついてしまった。このホールで、わたしは自分のよき友であるオールドマン・パーを忘れ、ウィリーと戦うという誤りを犯してしまったのだ。555ヤードもあってしかも上りの、このホールの第二打でわたしは2オンを狙い、バーディの4で彼を突き放してしまおうと試みたのである。その結果、彼がパーの5に対し愚かにも6を叩く破目になった。

ウィリーは結局、完璧かつ美しいゴルフで33であがり、最後のグリーンで1ストローク差をつけて勝ったのである。108ホールをプレーして彼我の差はたった1ストロークでしかなかったが、彼はチャンピオンであり、わたしは二位だった——またしても、である。……しばらくの間、自分は二位になるために予選を戦っているのかと、考えこんだりしたものだ。実際、わたしは七回にもわたり、オープン選手権で二位に甘んじているのである——全米オープンで三度、カナダで一度、南部で二度、そしてフロリダ西部沿岸選手権で一度。すべてがメダル・プレーだった。1ラウンドにつき、たった1ストロークが、記録の上で大きな違いとなって残るのである。ダグラス・エドガーが二位以下に16ストロークもの差をつけて勝ったカナダ・オープンを別にすれば、ラウンドで1ストローク縮めることができてさえいたら、そのすべてに勝っていたわけだ。どんなラウンドでも（後で考えてみれば）、すくなくとも1ストロークぐらいは確かに節約できていたはずだと、誰しもが思う。が、すべてはなるべくしてなった結果なのだ。かりにそのストロークは叩かなくてすんだとしても、どこか別のところでストロークを費やすに違いないのである。

ラウンドにはつねに、落としたかも知れないストロークがいくつもあるものだ。しかし、そのことについては誰もあまり考えようとしない。

ゴルフというのは、まったく奇妙なゲームである。

注20　ジョー・ターネサ
ターネサ兄弟として名高い七人兄弟の三番目で、一九二七年に全米プロで二位になっている。末弟のウィリーだけがアマチュアで、全米アマ、全英アマに優勝している。

写真は、1920年、18歳のボビー・ジョーンズ。米国初のゴルフ規則集を作ったゴルフの父、シルバナスとの一枚。いい体格になったころ

第十一章　最大の年

ゴルフというのは、とても奇妙なゲームである。一九二六年をわたしは輝かしいひとつの敗戦で始めることとなり、別のまた光栄ある負け試合で終わったのだが、これほど自分のゴルフにとって意味のある大きい年は、生涯にわたってあるまいと思う。

ウォルター・ヘーゲンが、まずわたしに鉄槌を下した。かつてわたしが遭遇した高度な技術すべてをはるかに上まわる、ほとんど完璧といえるほどの技によってである。彼は全米プロのチャンピオンで、わたしは全米アマチュアのチャンピオンであり、ふたりともお互いを相手にプレーしてみたいと望んでいた。それで冬の終わりごろ、フロリダで試合が行われることになったのである。72ホール・マッチで、前半の36ホールは、その冬の間わたしが避寒にいっていたサラソタのホイットフィールド・エステーツ・カントリー・クラブでプレーし、後半は一週間後に、パサデナにあるウォルターのホーム・コースでラウンドするように取り決められた。が、ウォルターは、相手に回すにはただただ素晴らしすぎた。もちろん、わたしのアイアンがあまりに狙いどおりに打てなさすぎたというのも事実だが、かといって、ウォルターがこの偉大なふたつのコースで——わたしはホイットフィールド・エステーツがアメリカで最良のコースのひとつだと信じている——どのラウンドにおいても一度もパーを超えなかったばかりでなく、試合が終わった61番目のグリーンまででパーより4ストロークもよかった以上、わたしが不調だったことなどは、説明してみても何にもならないであろう。

その最後のグリーンで、わたしは45フィートのパットを沈めてバーディの3をとり、勝負をもうちょっと先まで延ばそうと懸命だったが、ウォルターが40フィートのパットを入れてこのホールを引き分けとし、わたしの首をはねてしまったのである。

この二日間、ウォルターは目覚ましいマッチ・プレーのゴルフを展開して、何者をも相手にしない勢いだった。あれほど隙のないゴルフをする敵とそれまで対戦したこともなかったが、それでもとても気持ちよくプレーできたことをつけくわえておきたい。結局、彼は12アンド11という大差でわたしを一蹴したのだ。

あの試合は、とても参考になったと思う。その冬の間ずっと、わたしはきわめていいゴルフができていて、トミー・アーマー[注21]をパートナーとして国中のトップ・プロたちを相手にフォア・ボール・マッチを七回も戦ったが、一試合も落とさなかった。そのため、自分ではいいシーズンが迎えられるだろうと思っていた。その矢先にこの大敗に直面し、一九二二年のスコーキーにおける全米オープンのときから始まったアイアン・ショットの欠点が、はっきり露呈されたのである。

わたしはこの領域の研究を開始したが、ストローク中に右手を使いすぎる——という欠点を正してくれたのは、トミー・アーマーと一緒にサラソタに来ていたジミー・ドナルドソンだった。それ以後、イギリスへ遠征に出かけるまで、折を見てはアイアンの練習に励んだものだ。その結果、アイアンはその年の残りいっぱい、本当にわたしの役にたってくれたのである……左手でクラブを引きおろし、そのまま押すようにストロークできたときは——本当に左手一本でショットしたかのようにである——ほとんど狙ったラインからはずれることはありえないように思えた。不思議なことだが、ずっと昔のプロフェッショナルたちの流派が、ゴルフのスウィングは左手によるストロークでなければならないと主張していたことはよくご存知であろう。

USゴルフ協会は、ウォーカー・カップの代表選手八名の中に、ワッツ・ガンとわたしを指名した。この国際試合は一年おきにわが国とイギリスとで交互に開かれているが、この年はスコットランドのセント・アンドリュースで行われた。わたしたちは個人の資格で、やはりスコットランドのミュアフィールドにおける全英アマチュア選手権に出場し、その後さらに八名中四名——ワッツ、ローランド・マッケンジー、ジョージ・フォン・エルムとわたし——はそのまま残って、イングランドのセント・アンズ・オン・ザ・シーで開催された全英オープンにも参加した。

しかし、そのことについていうなら、奇妙な運命の転回があった——それほど大袈裟にいっていいものかどうかわからないが。わたしは強いホームシックに襲われていた。妻と一歳になったばかりの娘、それに父母などの家族を家に残していたからである。そしてまた、自分としては全米オープンの二、三週間前までには帰国していたいと思っていた。実際、五月二十四日に全英アマチュア選手権が始まったときには、その後すぐに行われるウォーカー・カップが終った二日後に出港するアキタニア号に乗るつもりで、予約してあったのだ。全英オープンには出ないつもりだった。コロンバスのサイオト・カントリー・クラブで行われる全米オープンが、わずか二週間後に迫っていたからである。

全英アマチュアでの出だしは、すこぶる快調だった。ご承知のように、このトーナメントでは全選手が18ホールの試合を毎日二試合ずつ戦い、最後に残ったふたりが36ホールの決勝戦を行うことになっている。わたしは18ホール・マッチが好きではない。そういういい方はいけないかもしれないが、どうしても好きになれないのである。1ラウンドの勝負では、その間にゴルファー自身にはどうしようもない不運がしばしば起こるからだ。が、どうしたことか、わが国でもこの形式が採り入れられてきている。バルタスロールにおける一九二六年の全米アマチュアでは、18ホール・マッチで勝ち抜き戦が始められたが、決勝に残ったジョージ・フォン・エルムとわたしは、ふたりともが第1ラウンドで危うく敗れるところだった。ジョージはエルスワース・オーガスタスを相手に19ホール目まで戦わなければならなかったし、わたし自身もディッキー・ジョーンズと18ホールをフルにプレーして、やっと勝ち残れたくらいなのである。

話を全英アマチュアにもどすと、第5ラウンドまでわたしは最高のゲームを展開した。一九二五年の全英アマチュア・チャンピオンであるロバート・ハリスと対戦したこの試合で、わたしは12ホールのうちの9ホールを奪い、8アンド6という大差で勝ったほどだった。そして翌日の午前のラウンドで、同年輩のアンドリュー・ジェミーソンという青年と顔を合わせ、4アンド3で敗れてしまった。相手は15ホールを通じてパーより悪いプレーはしなかったし、スタート・ホールがパー5であったにもせよ、2ホールでアンダー・パーだったのである。わたしはパー・プレーを守りきれなかったが、そう悪いできでもなかった。要するに、彼は勝ったのだ。

ところで、この第6ラウンドにかかるころには、わたしが勝ち進んで決勝まで進み(全英アマチュア選手権では第8ラウンドに当たる)、ジェス・スウィーツァーと覇を競うことになるだろうと誰もが予想していた。スウィーツァーは、やはりわたしたちの仲間であるフランシス・ウィメットと大激戦の末に勝ち残っていて、決勝まで着実に歩みを進めてくるものと見られていたのである。

ジェミーソンに敗れて、わたしはものすごく落ちこんでしまい、すぐにも帰国したくなった。が、ここで運命の手が働いた。もしわたしが幸運にも勝ち進んで、全英アマチュアのタイトルを手にしていたなら、一週間後、アキタニア号で帰国の途についていたはずである。

さて、わたしは考えてみた――いま、もし自分が帰国してしまったら、全英アマチュアのタイトルを獲れなかったことに、気を腐らせているように見えはしないだろうか、と。もちろん、わたしが勝てなかったためにがっかりしていたことを、神はご存知だったろう。しかし、だからといって、覇気までなくしていたわけではない。そのことを、人びとに知ってもらいたいと思った。そしてさらに、五年前に初めて訪英した際にも、あまりいいプレーをしなかったことを思い起こしてもいた。このまま留まり、自分にももっといいゴルフができることを証明したほうがいいのではないか、と考えたのである。ロバート・ハリスと戦った12ホールを除けば、さしたるゴルフをわたしは見せていないのだ。それなら、全英オープンまで滞在を延ばし、自分のベストを尽くして、もうすこしましなゴルフを示してみよう……。

もちろん、全英オープンに勝てるだろうなどとは、思ってもいなかった。わたしが生まれる五年も前、一八九七年にハロルド・ヒルトンがあの古く美しいトロフィーに名を刻んで以来、アマチュア選手は誰ひとり、この選手権では勝っていないのだ。が、自分では見苦しくないだけのゴルフができるだろうとも思った。どんな成績で終わるにしても、今回はボールをピックアップして試合を棄てたりはすまいと決心したのである……イギリス人はスポーツに目のある国民であり、彼らに自分のことを何とか認めてもらい、ほどほどのゴルフができることをどうしても信じてほしかった。

ジェス・スウィーツァー——英雄というものが本当にあるとするなら彼こそがそれである——は、激戦をいくつも突破し、決勝戦ではA・F・シンプソンと相まみえて、苦もなく勝ってしまった。彼はウォーカー・カップでも大活躍をしたが、試合が終わった後十時間もしないうちに重病に斃れてしまったのだから、全英アマチュアのときにはすでに病気は始まっていたはずである。大した人物である。

全英アマチュアが終わり、わたしたちはセント・アンドリュースに移った。このゴルフの聖地で、次の水曜と木曜にウォーカー・カップが行われるのである。

その偉大なるウォーカー・カップを、わたしたちはふたたび獲得した。わずか1ポイントの僅差で。その勝利は、ジョージ・フォン・エルムがメジャー・ヘズレットを相手に激しい戦いを繰り広げた末に引き分けてくれたおかげだと、わたしは思っている。ワッツ・ガンは見事なプレーをし、つい先日の選手権で彼を破ったばかりの前途有望な青年、W・G・ブラウンロー伯爵に勝って仇を討った。9アンド8という大差で勝ったのだ。そしてワッツとわたしはフォアサムでシリル・トレイ、アンドリュー・ジェミーソン組を破った。シングルスでのわたしの対戦相手はシリル・トレイだったが、イギリスへきてから初めての満足すべきゴルフができ、スタートして何ホールかにおけるトレイの失敗もあって、第1ラウンドで早くも9アップとなり、午後になって間もなく、12アンド11で終わってしまった。この試合でわたしは1アンダー・パーであがり、わたしの考えにしたがえば世界でもっとも偉大なゴルフ場であるセント・アンドリュースのオールド・コースで、こういうスコアが出せたことにつくづく幸せを感じたものである。

イギリスへ渡ってきてから、これほどのプレーはしてなかったので、ロンドンへもどるときには、全英オープン選手権に出場するのが楽しみになっていた。フレディ・マクロードとわたしは、予選の始まる前の二、三日、練習ラウンドのためにセント・アンズに出かけて行った――わたしはサレー州のサニングデールで行われる南部地区予選に出ることになっていたのだが。セント・アンズでの調子はまあまあだったが、サニングデールへ行ったとたんに絶好調を迎えた……サニングデールは素晴らしいコースで、できるものならコースを持って帰りたいくらいだった。予選が終わったときには、本気でそう考えたりしたものである。

練習ラウンドで、わたしは66というスコアを二度もマークした――アメリカ流のヤーデージ計算でいえばパー72のところだ。ともかくもゴルフが思うままにでき、とりわけアイアン・ショットはゴルフを始めてから最高に当たっているという気がしたほどだ……前に、まるで左腕だけでショットすることについて説明したが、まったくそういう感覚でスウィングできていたのである。そして、サニングデールはアイアンで第二打を打つことが多いコースだった。予選の36ホールを通じて、わたしはアプローチ・ショットにマッシーを二回、マッシー・ニブリックを一度使ったにすぎない。他はアイアンか、スプーンか、あるいは稀にブラッシーでフル・スウィングした。そういうコースなのである。カードに記されている表示だと6472ヤードだが、わたしたちが使ったティーからだともっとずっと長かった。

さて、2ラウンドの予選が始まったとき、コース・レコードは70だったが、アーチー・コンプトンがその日早々に見事な69に書き換えてしまった。わたしは奇しくも同姓のジョーンズというプロ選手と組んだが、大ギャラリーが集まってきた。試合であれ、愉しみのラウンドであれ、このとき以上のプレーをすることなど、とても望めないと思う。イギリスの評論家たちは、この国においてプレーされたもっとも見事なラウンドだといってくれたが、むろんこれはお世辞というものである。スコアは確かによかった――66だったのだ。しかし、うれしかったのはそのスコアそのものではなく、内容である。そのときのスコアは、左記のとおりである。

アウト33、イン33。パットが33で、他のショットが33である。5も、2もない。ラウンドを通じて1ホールだけ、オンさせなくてはならないところでグリーンをはずした――13番の175ヤードのホールで、アイアン・ショットをちょっと押し出してバンカーに入れたのだが、チップをピンに寄せてパー3であがった。5番ホールでは、ラウンド中唯一の25フィートほどのロング・パットが入って、バーディの3がとれた。3番ホールでは5フィートほどのバーディ・パットをはずし、7番でもとても易しいラインの10フィートのバーディ・パットをしくじった。270ヤードの9番ホールで

PAR (OUT)	5	5	4	3	4	4	4	3	4	36	
B.JONES	4	4	4	3	3	4	4	3	4	33	
PAR (IN)	5	4	4	3	5	3	4	4	4	36	72
B.JONES	4	3	4	3	4	3	4	4	4	33	66

は、ドライバーでグリーンをオーバーし、そこからカップ5フィートに寄せた——が、このバーディ・パットもミスしてしまった。もっといいスコアが出たはずだったと思われるかもしれない。が、わたしは満足だった。新聞はとても褒めてくれた。バーナード・ダーウィン氏などは、このときのわたしの2ラウンドを「信じがたくも途方もない」——素晴らしい見出しではないか——と形容していたのを覚えている。……このラウンドの後は、本当に幸せな気分だった。が、その翌日、68で回って7ストロークもの差をつけて首位にたったとき、わたしはさらに幸福だった。これで自分にもまともなゴルフができることをイギリスの人たちに示せた——と思ったからである。滞在を延ばしたのはこのためだったのだ。

幸福ではあったが、一方、心配でもあった。本戦の六日も前に、本来そのときに必要な最高の当たりがきてしまったという気もしたからである。……ゴルフというのは、本当に奇妙なゲームだ。当たりはやってきたかと思うと、どこかへ消えていく。誰にもつかまえておくことはできないのである。すくなくとも、わたしには。

全英オープン選手権に、わたしは優勝した。もう一度ダーウィン氏の言葉を引用するなら、先日ほど目覚ましいゴルフを一度もせずに、である。ひょっとして、こちらが本来のゴルフで、70以下のゴルフは単に花火のようなものだったのかもしれない。が、ともかく、わたしのスコアは72―72―73―74――291ストロークだった。この数字はごくありふれたようにも見えるが、当時、全英オープンにおける最少スコアだったのだ。そのスコアで回るために、わたしはわたしなりに毎ホールを苦しみながらプレーした。セント・アンズの日照りの強い、風の吹き荒れるコースでは、易しいラウンドなどひとつもなかったのである。

たとえば、最初の72というスコアは、とてもきれいに見えはする。が、9番グリーンで追い風のピッチを失敗して37を打ち、インを35で回ってくるためには、残り4ホールのグリーンを1パットで切りぬけなくてはならなかった――6フィートのパットがふたつ、10フィートのと最後には20フィートもの長いパットを。こういう辛いゴルフをするのは、自分が世界で最後のゴルファーであればと願いたいくらいである。

9番ホールが、わたしには鬼門だった。いつも風が吹いている中を、スペードかマッシー・ニブリックで160ヤードを打っていくホールなのだが、4ラウンドのうち一度しかグリーン・オンさせられず、たった一度のそのチャンスには3パットを犯した。13番のグリーンは、どうしても第二打で乗せられなかったし、いつも向かい風になる600ヤードの11番ホール——ウッドで三回もフル・ショットしながら、まだグリーンまでピッチが必要だという経験は生まれて初めてのことだった。

セント・アンズで、わたしはスコアを拾いに拾った。自分が体験したゴルフのすべてを動員したが、それでも最後の数ホールでは、過去の体験だけでは十分ではないように思えたほどである。第1ラウンドはウォルター・ヘーゲンが68でリードしたが、第2ラウンドで崩れてしまい、アメリカのプロ選手ビル・メルホーンとわたしとが首位タイとなった。二日が過ぎ——やはりアメリカのプロ、アル・ワトラスと組んで、第3、第4ラウンドをプレーすることになったが、スタートするときにはアルより2ストロークよかったのに、第3ラウンド、わたしの73に対し彼は69という立派なスコアをマークし、昼食をとりにマジェスティック・ホテルの部屋へ向かうときには、アルが二打差をつけてトップにたってわたしは二位だった。

その朝、ヘーゲンは遅くスタートしていた。わたしはアルに、コースから離れて少しリラックスしたほうがいいんじゃないかといった。実際、スコアボードのそばにたって、競りあっている相手があがってくるのを待っているほど、気持ちを平静に保つ上で悪いこともないからである。それでわたしたちはホテルにもどり、靴を脱いで楽に横になり、軽い食事をしたのだ。首位を争う人間がこうして一緒にいるというのは、どちらにとっても居心地のいいものではない。が、それがゴルフの休憩時間なのである。そして最終ラウンドのためにクラブ・ハウスへ向かう途中で、ふたりのうちのどちらかが優勝し、一方は二位で終わることにしようと、アルにいったことを思い出す。アル・ワトラス——彼はまったく立派な選手だった。

最終ラウンドのスタートで、わたしたちの後の組はウォルター・ヘーゲンとジョージ・フォン・エルムだった。わたしにとってはまるで悪夢のようなもので、あんな経験は生涯、二度としたくない。そのためもあってか、パッティングは無残をきわめた。18ホールで39パットである。1パットでおさめたホールはひとつもなく、3ホールで3パットをしでかす始末だった。わたしはティー・ショットを力いっぱい飛ばし、距離ではアルをはるかに置いていったが、にもかかわらず2ストロークの差はどうしても縮められそうもないように思えた。

わたしとしては、アルを相手にプレーしないわけにはいかなかった。ともかくも彼は一緒にプレーしている敵であり、なおかつわたしよりリードしているのだ。たとえヘーゲンやフォン・エルムがどんなゴルフを展開しようと、アルに追いつけなければどうにもならないわけである。そして、とてもアルをつかまえられそうになかった。9番ホールで相変わらず1ストローク無駄にし、長い11番ではまたもや3パットをし

——二度のチャンスを潰してしまった。なお13番ホールでもアイアン・ショットでグリーンをはずし（もっともこれが最後のミスだったが）、5ホールを残してまだ2ストロークの差がついていた。

ところが、オールドマン・パーがその5ホールをきれいにあがらせてくれたのである。わたしは4―3―4―4―4と、すべてパーでプレーしたが、運よくそれで十分だったのだ。17番ホールのティーにきたとき、ふたりはタイになっていた。アルのドライバー・ショットはまっすぐフェアウェイに飛んだ。が、わたしのボールは左へ引っかかって、グリーンまでにはいくつかの砂丘を越えなければならない砂地の真ん中に落ちた。アルが二打目を打ち、ボールはグリーンに乗ったが、わたしのところからは砂丘越しに見えないグリーンに向かって、まだミドル・アイアンで打つショットが残っていた。このときのショットについては後に詳しく説明したいと思っているが、ともあれそれは成功して、ボールはアルよりも内側に乗ったのである。彼は3パットをし、わたしは1ストロークの差をつけた。さらに最終ホールでアルにもう一打、差を広げた。彼のティー・ショットがバンカーに転がりこんでしまったのに対し、わたしのボールはそのふちをかすめて転がっていったのだ——幸運というしかない。こうして2ストローク差となり、ジョージ・フォン・エルムとヘーゲンはアルよりさらに二打差でタイに終わった。

しかし、わたしにとってセント・アンズにおけるヒーローは、五十六歳になるイングランドのプロ、ジョン・ヘンリー・テイラーだった。テイラーはアメリカからの侵略者たちの攻勢を阻止せんものと雄々しい戦いをくり広げ、第3ラウンドでは強風のさなかに71でプレーしたのである。どのラウンドでもわたしには果たせなかったことだ。そして、自分が五十六歳になったときのことを想像してみるなら……ジョン・ヘンリーの前に脱帽するばかりである。

さて、こういう次第で、由緒あるカップを抱いて帰国することになった——わたしが生まれる三十年も前、一八七二年以来の歴史を刻むあのカップを。神よ——わたしは幸せだった！　サザンプトンでなつかしのアキタニア号を見たとき、腕に抱きしめたいと感じたほどである。そして素晴らしい航海を満喫し、ニューヨークに着いてみたらアトランタからやってきた友人たちが妻のメアリーや、母、父、祖母、そして祖父らと一緒に埠頭に揃っていて、わたしを検疫所から迎えてくれ……バンドが『ヴァレンシア』を演奏し……それからブロードウェイを行進してシティ・ホールに向かっていった……が、そのときのことは、とうてい逐一語れない。『ヴァレンシア』を耳にすると、いまでものどがつまってしまうのだ。

その後すぐ、全米オープンに出場するためコロンバスへ行った。メアリーと両親も一緒だったが、わたしは満足しきって気も弾んでいた。なにしろ、あの全英オープンからたった二週間しかたっていないのだ。もちろん勝てるだろうなどとは思ってもいなかったが、途方もない幸運に恵まれて優勝してしまった。こういう事実こそが、ゴルフには運というものがあるという確かな証拠ではないかと思う。もちろん、うれしかった。同じ年に全英と全米の両オープンに勝ったゴルファーはかつていなかったし、わたし自身にとってもこういうチャンスがふたたびめぐってくるとも思えなかったからである。奇跡だった――ただただ奇跡だったのであり、この奇跡はトーナメントが始まる前からすでに定められていたのではなかったか。

第1ラウンド、快調に滑りだした。が、次のラウンドの最終ホールで子供じみた軽率な失敗から、2ストロークを浪費して7であがったときには、首位から6ストロークも遅れていた。決勝日の朝、わたしは体調が悪くて医者のところへ行かねばならず、たぶん胃の調子を整える薬をもらった。緊張がずっとつづいていたためではなかったか。それでも第3ラウンドではかなりいいゴルフをしたが、最終ラウンドをスタートするとき、十五分ほど前に出ていった首位のジョー・ターネサにはまだ3ストローク差をつけられていた。一打一打、ホールとホール、わたしたちは8ホールまでまったく同じようなプレーをした。ジョーがミスをするとわたしもミスし、ジョーがバーディをとればわたしもバーディであがった。そして、このトーナメントでわたしの鬼門となっていた短い9番ホールにきた。ここでは、ティーからのピッチを一度もグリーン・オンさせられなかったのだが、果たしてまたもやミスをして4を打ち、残り9ホールで4ストロークに差が広がってしまっていた。
つづく2ホール——パー4の10番と11番で、また似たようなプレーを展開した。差は縮まらず、残りホールはどんどんすくなくなっていく……わたしはパー5の12番ホールで会心のドライブを打ち、二打目もブラッシーで飛ばして、短いピッチでグリーンに乗せていいパットを沈め、バーディ4をとった。ついていてくれたギャラリーが、大歓声をあげた。そこでわたしは、ちょっと前にこのホールを通過していったジョーが、ここでボギーの6を打ったことを教えられた。それから一打、また一打とストロークをとり返し——さらに17番ホールでもう1ストロークを奪った。ジョーも480ヤードの最終ホールでバーディ4を決めて応酬してきた。わたしは何とか1ストローク縮めなければならず、できるかぎりの力で最後のドライバー・ショットを打った。第二打の残り距離から逆算してみると、300ヤードは飛んでいたに違いない。グリーンに向かってマッシー・アイアンで打ち、ボールはらくだのこぶのように盛りあがったグリーンを転がって、ホールを20フィートほどオーバーして止まった。第一パットはカップ・インしかかったが、入らなかった。残った短いパットを入れて4とし、わたしはジョー・ターネサに1ストローク差をつけたのだ。そしてこの一打が、そのまま全米オープンの選手権につながった。

しかし、7番ティーにいるとき、もし誰かが優勝するために2ホールを3、10ホールを4であがる必要があるなどといったら、——もしそれだけの気力があったらのことだが——わたしはその人を嘲笑っただろう。あの風の中で、全米オープンの最後の12ホールを4平均よりも2ストロークもすくなくプレーしろとは！　運だとしかいいようがないのである。同じようなことがもう一度できると、わたしは一瞬たりと考えたこともない。

ともかく、コースではまだたくさんの名手たちがプレーしていて、誰が自分に追いつき追い抜いていくのかに関心もなく、わたしはホテルへと疲れた体でもどっていった。じつをいうなら、そんなことも考えられないほど興奮していたのだ。部屋に入っていくと、母がわたしの荷物をパッキングしていた。わたしは生まれて初めて、まったく動顚《どうてん》していたと思う。腰をおろしもしなかったし、泣きだしもしなかった。母は、わたしにとって選手権のゴルフというのはそういうものみたいね、といった。その次に覚えているのは、誰かが電話をかけてきて、カップの授与式が始まるから出てこいといわれたことだった。カップをふたつ持ってアトランタにもどったとき——どうだろう、仲間がみんな集まっていてくれたではないか。

こういう次第で、今後ふたたびないような最大の年が経過していったが、バルタスロールにおける一九二六年度の全米アマチュア選手権の決勝戦で、ジョージ・フォン・エルムによって見事な敗北を喫することによって、この年は完璧な円環を閉じた。全米アマ選手権に、わたしはそれまで誰ひとり達成したことがなく、かついまにいたるも達成されないままの三年連続優勝を果たせればと思いつつ参加したのだったが、ゴルフは順調で予選ラウンドではメダリストとなった。18ホール・マッチの一回戦は激しい勝負の末にディッキー・ジョーンズを下し、三回戦ではチック・エバンスと対戦して、六年前のメンフィスでの借りを返した——が、これまた容易な勝負ではなかった。準決勝ではフランシス・ウィメットと顔を合わせ、お互いにゆずらない試合を展開したが、結局、勝つことができた。いまでもはっきり覚えているが、午前のラウンドでわたしたちは10ホールつづけて引き分け、午後に入るとふたりとも絶好調になって、最初の9ホールをわたしが33で回ったのに、やっと1ホールとれただけだったのである。

そして、ジョージ・フォン・エルムと全米アマチュア選手権で三回目の対戦をすることになった。が、ジョージはあまりに手強すぎた。わたしは全力を尽くし、とてもいいゴルフをしたと思う。試合が終わるまでの35ホールでパーより1ストロークしかオーバーしなかったが、スタイミーが2ホールあったために涙をのんだ。ジョージは、決して運に恵まれたわけではない。単純な話、彼はわたしよりいいプレーをしたのである。今度は、彼の番だった。メリオンとオークモントでわたしは彼を破ったが、ジョージ・フォン・エルムのようなゴルファーに勝ちつづけることなど、誰にもできはしない。全米アマチュア選手権を三年連続して手中にしたいと望んだが、どうやらこれはわたしの運命に予定されてはいなかったらしい。ジョージのほうに運はめぐったのだ。つまり、わたしの最大の年は敗戦によって始まり、敗戦によって終わったのである。

それでも、一九二六年という年を、わたしはいつも懐かしく感じつづけることだろう。

注21　トミー・アーマー
スコットランド生まれの伝説的ゴルファー(一八九五～一九六八)。全米オープン、全英オープン、全米プロほか多くのタイトルを手中にしているが、彼の名を冠したマグレガー社のクラブはウッド、アイアンともに名作と謳われ、不朽の名を残す。

1926年、全英オープン初優勝(於／セント・アンズ)。ボビー・ジョーンズ24歳。球聖の帰国に熱狂的な出迎え

全英オープンを制覇したボビー・ジョーンズの帰郷を待ち、一刻も早く祝福をしたい市民や知人が、アトランタの駅に集まった

第十二章

パッティング——ゲームの中のゲーム

ゴルフにおいてわたしがもがき苦しんできた物語を締めくくるに当たって、ごくささやかにゴルフの技術について書いておいてみたい。といって、教訓になるようなことはないように思うが。わたしはここで技術指導をするつもりもないし、ゴルフはどうプレーすべきかを語る気もない。じつのところ、自分がどうゴルフをプレーしているかということさえ、正確に伝えられるかどうか心もとないくらいなのである。自分のやっていることについて、世の中の誰よりも知らないのではないかと感じることが、しばしばあるほどなのだ。

とはいえ、わたしもこのゲームとはずっと戦いつづけてきたし、自分がどうプレーしているかという点についても、おそらくいくらかは学んできたと思う。ゴルフはどうプレーすべきか、その方法を模索してきた――が、必要以上に考えすぎていたかもしれない。わたしのゴルフの基礎をつくってくれ、最初で唯一の手本でもあるスチュアート・メイドンもそう指摘する。ゴルフに関して彼がいってくれる言葉に、額面どおりわたしはよろこんで耳を傾けているのだ。あるショットをどう打つべきかについての考察など、おもしろくないかもしれない――というのも、前にもいったように、わたしはあまりにあれこれ考えてきたからである。しかし、自分の方法を誰にも薦めているわけではないことをわかっていただきたい。わたしはただ率直に、自分があるショットはこうしてプレーしているという方法を書こうとしているだけだ。もし誰かがその方法を試してみようとするにしても、それでいい結果が出るかどうかは自分の責任である。

ゴルフというゲームの中における不思議なもうひとつのゲームであるパッティング——わたしの心には当然のごとく、まずパッティングのことが浮かんでくる。ゴルフの中でパッティングが占める重要性は、誰にでも理解できるだろう。熟達したプレーヤーだと、ショットの半分近くはグリーンの上で行われる。いや、ときにはそれ以上にもなるのである。悲しくなるくらい鮮明に覚えているが、一九二六年の全英オープンの最終ラウンドで、ショットは35ストロークだったのに、グリーンではじつに39ストロークも費やした。

ゴルフを始めたころ、わたしにとってパッティングは〝ゲームの中のもうひとつのゲーム〟だったというわけではない。ボールに近寄っていって、カップの中へ転がし入れればいいだけのことでしかなかったのだ。わたしは使い古しのクリーク一本でゴルフを始めた。それしか自分の道具はなかった。後に他のクラブをもらってからも、わたしはそのクリークでパッティングをしつづけていたし、けっこう入れていたと思う。最初に使ったパターはレイーミルズ・モデルのアルミニウム製だったが、このパターでもなかなかいいパッティングをしていた。そのころはインター・ロッキングでグリップしていたのだが、その後スチュアート・メイドンに倣ってバードン・グリップに代えてしまった。当時のわたしには、スタンスもグリップも、体の動きだとかニー・アクションだとかも、アインシュタインによる推論の四次元空間の旅と同じく、まったく関係ないことだったのである。

わたしがパッティングのスタイルとはいわないまでも、パターに対して特別な気持ちを抱くようになったのは、一九一五年から一九一六年にかけての冬の間に、レイーミルズのパターをトラヴィス・モデルに替えたときからだったと思う。その新しいパターは、フェースが真鍮でできた小さい木製の、センター・シャフトのものだった。

それを初めて使ったのはイースト・レイクで母とプレーしたときだったが、コースはウインター・グリーンを使っていたので短くなってはいたものの、わたしは66で回った。それでたちまちこのパターはいいと結論を下し、気に入ってしまった。

その夏、ブルックヘブンにおけるジョージア州選手権に優勝し、十四歳でメリオンでの全米アマチュア選手権へと出かけて行くことになったわけである。

ところが、メリオンのつるつるで速いグリーンはわたしを困惑させ、惨めなパッティングに終始することとなった。なにしろ、それまでわたしはそんなグリーンに遭遇したこともなかったし、最初に練習ラウンドしたときには、あるグリーンでパッティングしたらボールが小川まで転がりこんでしまったほどだった。そのときパターの神様とまで謳われるトラヴィス氏が見ていてわたしに興味を抱いてくれ、第3ラウンドでわたしがロバート・ガードナーに負けた後、翌朝コースに来れば教えてあげようと声をかけてくれた。ところが、わたしたちはフィラデルフィアに泊まってコースまで通っていたのだが、その約束の日に列車に乗り遅れ、三十分も遅刻してしまったために、トラヴィス氏はわたしへのレッスンを拒絶した。それから八年後、トラヴィス氏は心を解いてくれて、ジョージア州オーガスタでとても有益なパッティングについての講義をしてくれたのだった。

わたしには助けが必要だった。かなりいいパッティングをする子供時代から、憐れなほど下手なパッティングをする若者になっていったが、その間、たった3フィートから4フィートのライン上でボールにはどれほど多くのことが生じ得るか——ということを発見した。これは、いつの場合もわたしにとって一番難しい距離である。いまでもそうだ。正直なところ、3フィートよりむしろ10フィートのほうがよほどいいとさえ思うことがある。すくなくとも、長い距離のほうがしっかり打てそうに感じられるのだ。

一九二二年のスコーキーにおける全米オープンまでは、わたしはパッティングが下手だった。せいぜいよく評してみても、可もなく不可もないというところだったろう。しかし、その全米オープンでは、冴えないゲームをしながらもパッティングで持ちこたえ、ジーン・サラゼンから1ストローク差の二位タイでフィニッシュしたのである。

当時、わたしはパッティング・スタイルを頻繁に変えていた。ひどいときには、1ラウンド中に二度も三度も違うスタイルでパットしたりしたほどだ。そういうわけだから、わたしには何が一番大事なことなのか説明ができない。いまになって考えてみると、あのスタイルもこのスタイルも決して間違えていたわけではないと思う。最大の間違いは、自分がどう見えるか――わたしはいつもパッティングの名手たちの格好を真似しようとしていた――とか、テーク・バックはどう引くべきとか、ボールをヒットするのはどちらの手かとか、さまざまなことに気をとられてばかりいて、もっとも肝心なひとつのこと――ボールをホールに向けて打つということを忘れていた点なのである。

スコーキーでは、スタイルの上でだいたいはヘーゲンを真似し、彼のように構えてボールを打つようにしていた。ヘーゲンのスタンスは――よくいわれるとおり、――左脚に重心をかけ、両脚は広くひろげ、両手は左に寄せていてほとんどズボンの左脚の折り目に触れるほどだった。そしてヘーゲンは、10フィートかそれ以下の短いパッティングのときにはクラブをわずかに引き、ほとんどストロークをすることなくパチッと強くヒットしていたが、それ以外のパッティングでは、ひざも体も腕も、とてもはっきりした動きをしていた。

そこで、である――上体も両脚も不動でなくてはいけないという、一般に浸透しているパッティング理論ぐらいはわたしも知っている。が、その理論は間違っていると思うのだ。断っておくが、わたし自身の例を引き合いに出すわけではない。わたしは決していい見本にはならないのである。代わりに、これまで目にした最大のパッティングの名手、ヘーゲン、ジョニー・ファレル、それにフランシス・ウィメットを例にとってみよう。三人とも、それぞれ独特にクラブを自由にテーク・バックする。特にファレルは、アプローチ・パットのときにバック・スウィングでパター・ヘッドを高くあげるが、これはひざと上体に特別な〝順応性〟を与えてやらないかぎり、肉体的には不可能であろう。それにフランシスは、パッティング・ストロークの最中に両肩を動かす。いったい、体を動かさずに両肩を動かすことなどできるものだろうか？できるはずがないと思う。

わたし自身の場合には、ボールにあまり近くたったときに悪いパッティングをすることがあるようだ。近くたちすぎるがために、両脚も上体も知らず知らず窮屈になってしまうのだろう。わたしが考えているところでは、ストロークを楽にリズミカルにしているかぎり、クラブをかなり後まで引いてもさしたる危険はないと思う。バック・スウィングを大きくとることはストロークを楽にしてくれるのに対し、両脚と上体を固く動かさないままテーク・バックすると、正確なヒットができないような気がするのである。

もちろん、この楽なスウィング以外にも方法があることは当然である。何年も前のことだが、フレディ・マクロードは6フィートから8フィートのパットを、わたしが見た誰よりも入れまくる、おそろしいばかりのパッティングの妙技を見せてくれたが、彼のパットといったら、カップへのラインにあわせて大胆にボールの後——ただ後側というのではなくボールの中心まで——をしっかり叩いて、ホールの中へまっすぐ入れてしまうのだった。

まだ若くて真似をしていた時期だったから、もちろんわたしはこの果敢なスタイルに魅せられて、やってみようとした。が、わたしには適していなかった。フレディの、あの並ぶ者もない正確さが、真似できなかったのだ。フレディ・スタイルでボールをカップに向けて叩くと、〝入り口〟はわずか1インチの広さしかない。この1インチに向けて正確に叩いてやらないかぎり、ボールはカップを蹴ってしまうのである。わたしにはカップの真ん中へきちんとボールを打つことなど、とうていできなかった。そこでわたしは、あちこちのパッティングの名手たちの真似をし、それでもうまくいかず、最後にはとうとうトーナメントにおいて数々の失敗をくり返した後に——一九二一年のコロンビアにおける全米オープンでは1ラウンドで40パットも打ったりした——やっと、わたしは以下の数行のような結論に達したのだ。つまり、自分にとってもっとも適した方法は、できるだけ楽なストロークをし、誰でも入れられるような短いパット以外は、アプローチ・パットでも何でも、カップにやっと届くぐらいのボールを打つことだ——と。

スチュアート・メイドンは、このパッティング法をいく度となくわたしに薦めた。

「ボールがホールのところで止まれば」

と、スチュアートはいった。

「四つの入り口があるんだ。ボールは正面からも、後からも、左右どっち側からでも、カップの縁にさわりさえすれば入るのさ。しかし、ボールが勢いよく転がってきたら、ホールの真正面にきっちりでなきゃ、入りゃせんよ。横の入り口もなけりゃ、裏口もない——スピードに乗って到着したボールには、ね」

これは、速いグリーンにおいてあてはまることである。遅いグリーンでならハード・ヒットするだけの余地もある。が、選手権試合の行われるような速いグリーンでは——そう、つねに3パットの亡霊がいるのだ。一九二六年の全英オープンが行われたセント・アンズの最終ラウンドで、わたしは3パットを三回もやってしまった。この3パットのおそろしさを忘れてはならないと、そういうわたしだからこそはっきりいえるのである。

さて、ここで、ふだん考えている点についてお話ししてみたい。

あの有名な〝ネバー・アップ、ネバー・イン〟という古来の金言が、あまりにもしばしば、ホールに向かってボールを強く打ちすぎることのエクスキューズに使われているように、わたしには思えてならない。ボールがカップを3フィート、4フィート、ときとして6フィートもオーバーしてしまうのを見つめながら、プレーヤーはすくなくともホール・インするチャンスはあったんだから——と、自分自身を慰める。が、実際はそれほどチャンスなどないのだ。確かにボールがラインには乗っていたとしても、ショートしたパットがホールに入らないことは自明である。しかし、それと同時に、カップを通りすぎてしまったボールもまたホールには入らないことを、わたしたちは知悉《ちしつ》しているではないか。これも考察に入れておくべき、別の観点である。そして、強く打たれすぎたパットは、カップのただ一点からしか入る道がない——つまり真正面から、しかもカップの裏側の壁がうまい具合に機能してくれなければならないのだ。

さらに、打ちすぎてしまった場合には、見くびるわけにはいかないセカンド・パットの問題が生じてくる。

マッチ・プレーであれメダル・プレーであれ——わたしの経験からいえば——アプローチ・パットを熱心に打ちすぎて、3フィートないし4フィートのパットばかり入れなくてはならない局面ほど、強いプレッシャーとなることもない。わたしの場合でいえば、〝ガツガツ〟入れにいったり思ったより強く打ってしまったりしたときよりは、ボールがホールにやっと届くぐらいのほうが、長いパットもよく入るのである。止まりかかったボールは、カップの縁にさわりさえすれば、たいていホールの中に落ちるものだ。それにくわえて、仮に縁にさわらなかったとしても——そう、ボールはまずカップとボールを一緒に帽子でおおえるぐらいのところに止まり、次のパットはきわめて易しく、緊張を強いられることもない。

メリオンにおける一九二四年の全米アマチュア選手権では、あることがあって、比較的プレッシャーを感じずにプレーできた。わたしはかなりいいショットをしていたが、それより長いパットが入ったりはしなかったものの、セカンド・パットがほとんど1フィート以内だったのだ。ジュリー・トラヴァースがわたしのパットを褒めてくれたのはこのときのことで、自分がバック・スウィングもリズムもゆっくり長めにとって打っていたことを覚えている——それに、両脚も上体も力が抜けて楽に構えていられたことも。

パットといえば、どうしても入れなくてはならなかったふたつのことが記憶に鮮明に残っている。ひとつは入り、もうひとつははずれたのだが。入ったのは、スコーキーでの最終ラウンド、14番ホールのグリーンにおける40フィートのパットで、これでバーディの3をとり、後ではみずから失ってしまいはしたが、いったんは選手権に向かってトップとタイになるチャンスを手にしたのだった。

ところでそのパットは何が何でも入れたいと思っていた。それを入れなければ、首位に追いつくチャンスはまったくなくなるからだ。しかしわたしは、気張らずに楽にストロークした。ボールはトロトロと転がってホールに近づいていく。わたしはボールがホールまで届くように精一杯、ボディ・アクションをして体をよじったが、ダンカンのキャディのジョー・ホールガンがひょっとしてピンを抜かないんじゃないかと心配になった。ボールがカップまで6インチぐらいのところまで近づいたとき、それまでぼんやりしていたジョーがハッとして、ピンを引き抜いた。ボールはやっとのようにホールの縁に届き、中を覗きこみ、それから落ちた。そうなるようにボディ・アクションをしていたのである。まったく、ボールがカップまで届くようにと、どれほど力を入れて押していたものか！

もう一方のパットは、もっとはっきり覚えている。一九二〇年、メンフィスで行われた西部アマチュア選手権の準決勝、かつてプレーしたうちでもっとも白熱した戦いを展開し、チック・エバンスが1アップでわたしを負かした試合の、35ホール目のグリーンでのことである。

チックはまさかと思ったグラス・バンカーから脱出し――まったく予想もしてなかったことだ――12フィートのパットを沈めてパーであがったのに対し、わたしにはまだ引き分けに持ちこむための6～7フィートのパットが残っていた。そこで、ホールめがけてほとんどまっすぐに打った。が、ちょっとばかり強くヒットしすぎたため、ボールはカップのふちに蹴られてまわりを一周すると、わたしが立っているすぐそばまでもどってしまったのである。これで試合を落とし、選手権を失ってしまったのだ。わたしはラインを読むことばかり考えていた。そして、ラインは読みきったものの、距離を合わせるのを忘れてしまっていたのだった。

かといって、もちろんわたしは、つねに距離を合わせることがラインに乗せることより大事だ——といおうとしているのではない。2フィート、3～4フィート、6フィートぐらいの短いパットの場合、ラインを合わせることがほとんどすべてであり、あまり強く打ちすぎずにボールをホールまで届かせられれば、転がす強さについてそれほど気を使わなくてもいいであろう。しかし、アプローチ・パットだったら、距離を合わせることが何より肝心だと思う。仮にこれまでわたしがラインに乗せることを心がけ、距離を合わせることに神経を払わないできたとしたら、おそらく1パットはもっと多くなっていただろう。しかし、一方、3パットをずっとしばしば犯していたに違いない。そういうわけで、さしていいことはないと考えているのだが……。

それからまた、一九二〇年にエンジニアーズ・クラブでアマチュアのアメリカ代表チームがカナダ代表チームと対戦したときの、最後のパットを思い出す。フランク・トンプソンと戦ったのだが、最終グリーンまできたとき、試合を引き分けに持ちこむ

25フィートのパットがわたしに残っていた。

ボールは、カップまで1フィートもないところまで寄った――ショートしたのである。それでわたしは負けた。グリーンから立ち去ろうとしたら、ジョニー・アンダーソンが冗談めかして、

「いいパットだったぜ、ボビー、大胆なパットだよ」

といった。

わたしはニヤッと笑って、そのとおりだと答えた。が、心の底でわたしは、もともと自分がホールを通りすぎるほどボールをヒットしようとしていたわけではないことがわかっていたし、たとえカップ・インさせられなかったにせよ、そのことで誰にも嗤《わら》われるいわれはないのだとも思っていた。ボールをホールまでやっと届かせようとしていたのだ。もしカップ・インしない場合には、ホールをずっと通りすぎてしまうほどボールをしっかりヒットするのは――わたしが考えるところでは――パッティングの要諦というわけでもなければ、とりわけ勇気の現れでもない。

さて、これまでグリップやスタンスについてまったく触れなかったが、それは自分が何度となく迷っては変えたからであり、いまなお変わるかもしれないからである。ともかく、スウィングそのものはスムーズにできるだろうし、かなりの程度まで機械的に反復できるようにもなるだろうが、かりにパッティングに秘密があるとするなら、

決してそういう力学的な領域に秘められているのだとは思えない。敢えていうと、わたしにとってはむしろ可変性《フレキシビリティ》が何より大事なのであって、そのため、かなりの距離のパットに際してはひざと上体、それに両腕を動かさなければうまくいかないのである。わたしはグリップで両方の手を正対させる——つまり掌をあわせるようにグリップするので、左右のリストはお互いに正反対の動きをするわけだ。これは他のショットにはないことで、その場合、左手はシャフトのもっと上部に、右手はすこしばかり左手のほうにかぶってきている。

それはともかくとして、自分で理解しているかぎりでは、わたしのパッティングがもっとも失敗するのは——ときに最悪でもあったが——ストロークをどうするかばかりに気をとられ、カップにボールを入れるということを自分にしっかりいい聞かせなかったときなのだ。これまでずっとアプローチ・パットはかなりうまくやってきたし、いままでは短いパットも——パットの名手の中に、名を挙げられるほどではないまでもそう悪くはない。が、結論としていうなら、もちろんスムーズで正確なストロークは欠かせないのは当然として——わたしにとって何より肝心なことは、そういう点はすべて忘れて——ボールをカップの中に入れることに精神を集中させることなのである。それこそが、ゴルフにおいてはもっとも基本的な目標のようにわたしには思えるのだ。

ボビー・ジョーンズ、1921年頃の写真

第十三章

ピッチ・ショット――
ひとつの謎

クラブというのは、ロフトが多いほど扱い難いように思われる。どうしてなのかはわからない。これまで長い間、わたしはマッシーと同じようにマッシー・ニブリックのショットができればいいがと願ってきたが、いまだにうまく使えない。マッシーはそう悪くないのに、である。わたしにとっては、マッシーはあくまでもアイアン・クラブの一本であって、ピッチをするためのものではないような感じがするのだ。いまはマッシーよりもちょっと距離の出る4番アイアンと、マッシー・アイアンがわたしの得意クラブである。しかし、これらのクラブについては、後ほどアイアンの項で話すことにしたいと思う。ここではただ、わたしにとってはグリーンを狙って4番アイアンかマッシー・アイアンを必要とする——つまり160ないし180ヤードの——ショットのほうが、100ヤードから120ヤードぐらいのマッシー・ニブリックを使うショットよりも、ずっとプレーしやすいということだけをいっておきたい。わたしは遠い距離からのほうが、どうもピンに寄せられるのである。これが、まずたいていの場合、わたしが長いコースでいいプレーをしている理由かもしれない。

だから反対に、魔術師さながらにピッチの巧みなウォルター・ヘーゲンのようなゴルファーには、溜め息の出るようなスコアが出せるドライブ・アンド・ピッチのコースが、わたしにはまるで向いていないのだ。たとえば、わたしにとってはメジャー・トーナメントでベスト・ラウンドができた、イングランドのサニングデールにおける一九二六年度全英オープンの予選第1ラウンドを例にとってみよう。サニングデールでは、ほとんどピッチをする余地がない。距離という点ではそれほど長いとはいえないが、ドライバー・ショットの結果によってアイアン・ショットか、ウッドでのショットになるか、短いピッチでいいか、あるいはグリーンへのチップですむか――という結果になる。わたしは36ホールでマッシーをわずか三回しか使わなかったことを、はっきり覚えている。

この素晴らしいコースでどういうクラブを使ったかを記しておくのも、場違いではあるまい。わたしはこのコースが気に入っていて、なろうことならいつも持って歩きたいくらいだった。自分のゲームにものすごく合っているのだ。

18ホールの距離、アメリカ式で数えたパー、使ったクラブ、そしてわたしのトーナメントのベスト・ラウンドにおけるスコアの順に記してみる。

1番　492ヤード、パー5。ドライバーとブラッシー。2パット。スコア4。
2番　454ヤード、パー5。ドライバーと1番アイアン。2パット。スコア4。
3番　292ヤード、パー4。中途半端な長さといわれる距離のホールだ。ドライバーと短いピッチでピン5フィートにつけたが、パットをミス。スコア4。しかし、ここでのピッチはわたしが怖れている種類のものではない。
4番　152ヤード、パー3。マッシーでピンから25フィートにオン。2パット、スコア3。
5番　417ヤード、パー4。ドライバーと4番アイアンでピン25フィートにオン。1パット（このラウンド中、唯一のカップ・インしたロング・パットだった）。スコア3。
6番　418ヤード、パー4。ドライバーと4番アイアンでピン18フィート。2パット。スコア4。
7番　434ヤード、パー4。ドライバーと4番アイアンで丘越えのショットをし、ピン10フィートにつけた。が、パットをミス。スコア4。
8番　165ヤード、パー3。他の選手はみんなここでマッシーを使ったが、わたしは4番アイアンで軽くショットし、危険なバンカーにガードされているグリーンの中央、ピンから40フィートにオン。2パット、スコア3。
9番　270ヤード、パー4。これまた半端な距離の、とてもおもしろいホール。ドライバー・ショットは小さなグリーンを転がってオーバー。チップでピン5フィートに寄せたが、パットをミス。スコア4。
これで33。パット17で、その他のショットが16である。3番ホールの短いの以外、ピッチはなかった。ヤーデージにしたがって判定すれば、3ストロークのアンダー・パーだ。

10番　469ヤード、パー5。丘の中腹にあるティーから谷に向かってドライブを打ち、次いで丘の上のグリーンにアイアンで打ちあげのショットをしなければならない。2番アイアンによるショットはピンから30フィートのところに乗り、2パットで沈めた。スコア4。

11番　296ヤード、パー4。立派なホールというには明らかに距離が足りないが、非常に興味深いホール。ドライバー・ショットはブラインドで打たなければならず、ちょっとでもラインからはずれると、深い傷を負うことになる。わたしはチップし、ピン7フィートに乗せ、これを入れてバーディの3。

12番　443ヤード、パー4。ドライバーとアイアンでピンから30フィートにオン。2パット、スコア4。

13番　175ヤード、パー3。4番アイアンで打ったが、このラウンドで最初のミス。最初だったが、最後だったと思う。ちょっと押し出して、右のバンカーに入れる。が、ピン6フィートに出し、パットを入れた。スコア3。

14番　503ヤード、パー5。ドライバーとブラッシーでピンハイのグリーン左のエッジへ。2パット、スコア4。

15番　229ヤード、パー3。ドライビング・マッシーでピンの上12フィートのいいラインのところにオン。パット入らず、スコア3。

16番　426ヤード、パー4。ドライバーとアイアンでピン40フィートにオン。2パット、スコア4。

17番　422ヤード、パー4。ちょっと右へドッグ・レッグしているホール。ドライバーで角を狙ったが、浅いラフ。そこから4番アイアンでピン40フィートにオン。2パット、スコア4。

18番　415ヤード、パー4。ドライバーとマッシーでピン30フィートに乗る。2パット、スコア4。

この結果、36―36―72というパーに対して、わたしは33―33―66のスコアをマークした。パットが33で、その他のショットが33。そのうちの三打がそれぞれ種類の違うピッチだったが、そのどれもがわたしにとって苦手な種類のピッチとはいえなかった。サニングデールのコースは、わたしたちがプレーしたその日には6472ヤードとカードに記してあったが、いくつかのホールではティー・マークがかなり後に置かれていたから、カードの距離よりはかなり長くなっていたと思う。正式のトーナメントでこれに近いスコアでプレーしたのは、翌年にイースト・レイクで行われた南部オープン選手権での第2ラウンドで、二度のミスを犯しながらも66をマークした。が、イースト・レイクのコースは、おそらく3ストロークは易しい。そのラウンドでは2と5のスコアがひとつずつあったが、サニングデールでの66では、4と3しかなかった。

4と3だけでラウンドするほうが、自分としてはうれしい。というのも、そういうラウンドというのは自分がすべくして達成したもので、運がよくてできたのではないからである。

ところで、冗漫でしかも些細な横道にそれてしまったようだが、サニングデールはともかくわたしの記憶の中に、自分でまったく満足するようにプレーできたコースとして残っているのだ——といって、必ずしもわたしがサニングデールのコースに対して徒《いたず》らに讃辞を贈ろうとしているわけでもなければ、以前もそうだったし、いまでも相変わらず変わっていない、100〜120ヤードのピッチが正確にできない自分のゲームを誇っているのでもないことを、どうかわかってほしい。

全英オープンでプレーしたセント・アンズには、4ラウンドを通じてすべてマッシー・ニブリックでピッチしなければならないホールがあったが、わたしはそのうちの一回しかグリーンにオンさせられなかった——が、この幸運すらも3パットをしでかして無駄にしてしまったのだが。あれは161ヤードの見事なバンカーでガードされている9番ホールで、距離からすればマッシーか、当時のわたしだったら4番アイアンかを使うところである。が、そこはいつも強い追い風が吹いていて、わたしにはマッシー・ニブリックかそれよりちょっとロフトのたっているスペードでちょうどというところだった。いずれにしてもそのホールはわたしにとって悪夢のようなホールとなり、全英オープンのタイトルそのものをほとんど獲りそこねかねないところだったのである。

さらにセント・アンズには境界線に沿ってドライブをまっすぐ打ち、それからマウンドの上にあるグリーンへ100ないし120ヤードのショットをする8番ホールがあった。この第二打はマッシー・ニブリックにちょうどいい距離で、わたし以外の選手はみんなマッシー・ニブリックを使っていた。しかし、わたしは敢えてそうしなかった。そのホールへくるたびに――そして幸運にもいつも最高のドライブが打てて絶好のポジションにあったから――わたしはマッシーを取り出し、決してピンをデッドに狙ったりはせず、ボールが駆け上がってグリーンにオンすることを信じて、マウンドの中腹へぶっつけてピッチ・エンド・ランを試みた。ただグリーンに乗せようとしたのである。そういうわけで、他の選手はそのホールでずいぶん3をとっていたが、わたしはパーよりいいスコアはおさめられなかった――もしドライブさえよければ、当然1ストローク縮められる期待が抱けるホールであるにもかかわらず。

まったくのところ、ただの一回もピッチをする必要もなかったサニングデールのあの祝福されたコースにあってさえ、ピッチ・ショットがうまくないことがどれほど不利かという例はいくつか挙げられる。

それにしても、わたしはどうしてこうもピッチがだめなのか？　率直に、知りたいと願っているのだ。かつて、まだフェースにポチポチと穴のあいているクラブがルールで認められていたころ、わたしはピンを狙うピッチ・ショットをかなりコントロールできていて、大胆にボールをフラッグ目指して打っていたものである。もちろん、いまでもいいライからならば、それほどショットするのが怖いわけではない。名手と呼ばれる域からはほど遠いにしても、ほどほどにはできるのだ。

しかし、たとえフェアウェイだとしてもボールが深い芝、それもクローバーの中に入ってしまうと――わたしはもう無力感に捉われてしまう。ボールを打ち出して高くあげることはできるが、それは問題ではない。地面のどこへ落とすか、その落とし所のコントロールがきかないのだ。そしてそういう場所から打たれたボールが、ウサギのようにグリーンの上をはねまわってオーバーし、彼方のトラブルの中に消えていくのをあまりにしばしば目にしてきたので、その種のショットをする局面になると、ほとんど反射的に背筋がすうっと冷たくなるほどなのである。

思うに、ウォルター・ヘーゲンが強い秘密は、このピッチ・ショットにあるのではないか。もちろん、彼のパッティングやグリーン・ワークの巧みなことは世に喧伝されているのをわたしとて知っているし、事実その点で、彼が賞讃に値する名手であることは確かで、グリーン上でウォルターよりすぐれたゴルファーを、わたしは他に知らない。そして、マッシー・ニブリックでのピッチ・ショットにおいて彼は比類がなく、ここにこそウォルター・ヘーゲンの本当の力が秘められているのだと思う。

ふつうのゴルファーにとって、15フィート以上もあるパットをホール・インさせることは、ほとんど幸運というものであろう。といって、誰も15フィート以上ものパットはやりたくないからといって、逃げ出すわけにもいかないし、ホール・インできると信じこむこともできない。ところが、ウォルターのマッシー・ニブリックときたら、何度繰り返し打っても、ボールはピンめがけてまっすぐ飛んでいき、6フィートか8フィート、長くとも10フィートぐらいの、彼には簡単にホール・アウトできるパットの範囲に止めてしまうのだ。驚くべき正確なピッチによって、ウォルターはパッティングを易しくしているのである。そして不思議なことに、パッティングが彼の栄光のほとんどを占めているように見えるのだ。

マッシー・ニブリックを操るウォルターの方法を、わたしはずいぶん研究してみた。何とかして彼みたいに打ちたいと思ったから。彼が使うクラブは、従来のマッシー・ニブリックよりもロフトがすくなく、そのため彼のショットはあまり高く舞いあがらない。バック・スウィングは、体をかなり捻転させながらクラブをフラットに引いているように、わたしには見える。そして、ボールに対しクラブ・ヘッドをしっかりピシッと当てる。ストローク全体が、ボールの中に入っていくことだけを目指しているようだ。重要なことは、フィニッシュをとらない点である。ボールはきわめて低く飛び出すが、芝に落ちるとあまり転がらずにすぐ止まるところから察すると、猛烈なバック・スピンがかけられているのだろう。

深く打ちこんだボールは高く浮き、風の影響を非常に受けやすいために、不利だとされている。高いピッチは、飛んでいる間にバック・スピンが減っていき、芝に落ちたときにコントロールしにくくなるようでもある。フランシス・ウィメットは六、七年前、低いピッチを多用してとてもいい結果を出していたが、いまではピッチがちょっと高くなっていて、グリーンに落ちてからのボール・コントロールがきかなくなっているように思える——いうまでもないが、ボールのコントロールというのは、どんな場合でも失ってはならないものだ。

自分自身のことについていえば、何年かの間はどんな状況からでもピッチング・クラブでグリーンに乗せられたものだ。そのころは、まったく不安を感ずることなく、ピンに向かってボールが打てた——ボールが難しいライにあったり、クローバーの葉の中に埋まっていても、どんな状態のボールでも処理できた。あのフェースに穴のあいたクラブで、楽にピッチできていたのである。が、そういう日々が去ってしまってから、ピッチ・エンド・ストップ・ショットにとって不可欠なバック・スピンがかけられないまま、ずっとピッチをしている。そのため、ピンのかなり手前を狙い、ボールをホールまで転がして、グリーンを広く使うようにしているのだが、このショットをわたしはピッチ・エンド・ランと呼ぶわけにはいかない。ピッチ・エンド・ランはもっと別の特別な打法であって、わたしがピッチ・ショットといっているものとは明らかに違うのである。

本当のピッチ・ショットには、わたしの考え方によれば、ふたつの種類がある。ひとつは、強いバック・スピンをかけたまっすぐのピッチだが、これはクラブ・ヘッドを鋭角に振りおろしてボールを打ちぬく――俗に〝ノック・ダウンされた〟といわれている――もので、ボールの1インチぐらい先のターフが削られる。つまり、ボールをヒットした後、クラブはターフを1インチも削りとるほど低く走っているということだ。もうひとつのピッチはカット・ショットと呼ばれる、クラブは飛球線の外側からおりてきて、ボールを上から打つよりも、ボールの下側を打つわけである。〝ボールの下から脚を切りとる〟といわれているやり方だ。

この後者のタイプのショットでは、ボールは空中で右に曲がるフェード回転が強くかけられるので、たいていの場合、この回転によってボールはグリーンに落ちてから、多かれすくなかれ右へ転がるものだ。しかし、わたしにとってこれは危険を伴うショットで、ボールをグリーンに落ちたらすぐ止めなければならないような必要があるとき以外、めったに打つことがない。そういう場合、もし距離がクラブに対して遠すぎなければ、ニブリックを使うことにしている。ジョージ・ダンカンはピッチの際にカット・ショットをよく使うように思えるし、もちろんJ・H・テイラーはマッシーやピッチング・クラブでカット打ちをする名手の誉れも高いが、ジョン・ヘンリーは、わたしが目にしているかぎりでは、ほとんどカット打ちをしていないように思えるのだが、果たしてどうなのだろう。

ニブリックに関していうなら、このとても誤解されているクラブについて一言弁護しておきたい。たいていのゴルファーは、ニブリックをただ単にボールを砂の中から打ち出すとか、深いラフや厄介なライから脱出するための〝トラブル用クラブ〟だと考えているが、わたしにとってニブリックは、掘削機の役目以上の意味をもっていて、フェアウェイからでも、非常に使い勝手のいい有効なピッチング・クラブなのである。90ないし100ヤードぐらいから、グリーンに落ちてすぐ止まるピッチを打たなければならないようなときには、わたしはマッシー・ニブリックでカット・ショットする代わりに、カットすることに気を使うことなく、ニブリックでまっすぐピッチしていく方法を採る。ニブリックの大きいロフトが自然にボールを止めてくれるからだ。ある距離以内だったら、すくなくともわたしにとって、ニブリックは素晴らしいピッチング・クラブなのである。

それに比べて、マッシー・ニブリックとそれよりすこし距離の出るスペードは、ゴルフにおけるあらゆるショットのうちでも、いちばん厄介な問題をわたしに及ぼす。

ニブリックとマッシーについては、かなりの自信はあるのだが、前にも触れたと思うが、マッシーをわたしは4番アイアンみたいな使い方をしているので、ピッチ・ショット用のクラブというよりは、むしろアイアンの範疇《はんちゅう》に入れるべきかもしれない。ところが、マッシー・ニブリックということになると、どうもわたしはおかしい。どこかスウィングも違ってしまうのだ。

自分なりに分析してみると、最大の原因はマッシー・ニブリックでショットするとき――とりわけこのクラブの標準的な距離である120ヤードぐらいを打つときに、体をうまく使えないところにあるらしい。どうやら、クラブを狙っている方向に対し、あまりに平行してアップライトに上げるために――要するにストレートにテーク・バックしすぎるのだ――実際にボールを打つときには、まるでダッファーさながら両腕がしゃくりあげるような運動をし、ボールをしっかり打ちぬけず、クラブのロフトを生かしてボールをあげ、バック・スピンをかけてやることができないようなのである。自分でも認めるのはあまり愉快なことではないが、実際問題としてわたしは、これまでずっと、しっかりしたスウィングで打ちさえすれば、ボールを高くあげてしかるべきバック・スピンをかけ、しかもコントロールできるようにデザインされているこのクラブを、自信をもって使えると思ったことがない。そういうわけで、わたしはいつもこのクラブを無意識のうちに使わないようにしているらしいのだが、もちろんこの事実は、ゴルフにおいてもっとも悲劇的な錯誤というべきことである。

おそらくこれは、マッシー・ニブリックが長い間うまく使えなかった間に身についてしまった、思考習慣なのであろう。じつに奇妙なことだが、スペードの場合には、わたしはずっとうまく扱える。マッシー・ニブリックよりはずっとロフトがないのに、ボールをあげられないだろうという不安も感じていないのだ。その気持ちのせいか果敢にショットができるし、結果もずっといい。マッシー・ニブリックに関するもっと別の欠点は、トップ・オブ・ザ・スウィングで手首をあまり曲げないように固定しているところにあるのかもしれない。手首が必要なだけ〝折れ〟ないのである。その欠点がタイミングをとる邪魔をし、ボールをコントロールするのに必須であるリズミカルに手首を使う作業を、ストローク全体の中から奪ってしまうのだ。

苦手のマッシー・ニブリックで壊滅したホールのことを、いま、ゆくりなくも思い出す――あれは一九二三年の全米アマチュア選手権、フロスムーアの7番ホールのことだ。わたしは二回戦でマックス・マーストンに敗れたのだが、ここから突然マックスがバーディ・ラッシュをかけ、それまでのわたしのわずかなリードを消し去り、午後のラウンドを優位のうちに出ていくことになったところである。このホールは、典型的なマッシー・ニブリックによるピッチが求められるところで、ティーの先端からグリーンまで小さな池を越して打たなければならない。絶対的なキャリー・ボールでしか攻められないのである。マックスは難しい6番ホールでバーディの3を出し、ゲームをタイにもどしたところだった。彼はピッチング・クラブで例のおかしな格好のフル・スウィングで、小さな浮き島のグリーンのピン傍1ヤードあたりにボールをくっつけた。当然のことながら、わたしはパットを入れられるぐらいの範囲に乗せなければ、ここでもまたホールを奪われてしまう。が、わたしはショットをミスし、ボールはグリーンに乗らなかった。手前に落ち、水しぶきがあがった。マックスは次のホールでも3であがり、結局そのままわたしは彼に追いつけなかった。

そういう前科があるにもかかわらず、マッシー・ニブリックで救われたことも、一、二度はある。サイオトにおける例をいつも思い出して、わたしはうれしくなる。

一九二六年度全米オープンの、最終ラウンドの15番ホール——つまり、試合全体の69ホール目だったが、そのときわたしは、2ホールほど先でプレーしているジョー・ターネサに1ストローク遅れていた。15番は右へドッグ・レッグしている、ドライブ・エンド・ピッチのホールである。わたしはドライバーで曲がり角すれすれをカットしすぎて、第二打はサイオト特有の深いすげ芝のラフから、危険なバンカーに囲まれた120ヤード先のグリーンへ、右からの強い風の中を狙っていかなくてはならなかった。ちょうど苦手とする距離である上に、風がよけいにショットを難しくしている。ピッチで何とかこのホールを4で切り抜けなければ、ジョーにまた1ストローク離れてしまうのだ。ところが、わたしはちょっとついていた。この日早くに、誰かがわたしのボールのあるところからショットしていたのだ。深いすげ芝が削りとられ——自慢すべきことでもないことだが——ボールはきれいなライにあったのである。わたしはボールをしっかり打ち、まっすぐラインに乗せ、ピンまで20フィートほどはあったものの、グリーン・オンできた。ショットの結果を目にしたとき、わたしがどれぐらいほっとしたか、果たしてわかっていただけるだろうか!?

「フェアウェイだとしても深いラフ、特にクローバーの中のピッチ・ショットは無力感に捉われてしまう」

第十四章

アイアン・プレー

アイアンでプレーすることについて、ほとんど自分は知り尽くしているのではないか――という自信がもてることがある。が、一方、一九二五年から一九二六年にかけて、自分はアイアンでプレーする方法がまったくわかっていないし、今後もわかることはないだろうと思いこんでいた時期もあった。自分に教授してくれるほどには誰ひとりアイアンのプレーに関して知ってはいないのだろうと、わたしは疑い始めていた。

わたしは落胆した。

一九二五年、ウォーセスターでは、惨めなアイアン・プレーが全米オープンからわたしをはじき出してしまった。その事実は、疑う余地もない。というのも、わたしはアイアン・ショットで1ラウンドで5ストロークも無駄に費やしたからだ。それらのショットはとてもひどいというほどではなかったが、いずれもカラーをちょっとはずし、周到にレイアウトされたバンカーに落ちてしまったのである。もっと悪いショットに比べれば、むしろ悪くないショットだともいえただろう。いずれにしても72ホールを終えてウィリー・マクファーレンと首位タイとなり、プレー・オフの36ホール目で彼に敗れたとき、わたしは自分の敗因がアイアン・ショットからきていることを自覚していた。

その後、オークモントではとてもアイアンが当たって、全米アマチュア選手権に勝てた。それから冬の間はほとんどフロリダのサラソタで過ごし、オフ・シーズンとしてはかつてないほどゴルフに打ちこんで、来たるシーズンは稔り多い年になるだろうと思っていたら、ウォルター・ヘーゲンがやってきて、72ホール・マッチで生涯最大ともいえる大敗を喫してしまった。

あの雪崩にあったような敗戦を、わたしはいま、アイアンのせいにしようとは思わない。ウォルターは素晴らしいゴルフをしていたし、どのみち勝てるはずがなかったからだ。彼は気分が充実していて、いったん彼がプレーに集中すると……つまりわたしは、ウォルターの大爆発によるたくさんの犠牲者の仲間入りをしたというわけである。しかし、そうはいいつつも、わたしのアイアンがまたまた冴えなかったことも確かで、大事なホールをいくつもしくじったあげく、72ホール・マッチどころか、はるか手前で12アンド11という惨敗を決定づけてしまったのだった。

ふたたび、わたしは失望落胆した。しかも、イギリス遠征の日も近づいていたというのにである。

何が悪いといって、何もかもが悪かった。悪いショットに一貫性がなかったのだ。あるショットは左へ曲がり、あるショットは右へ飛び出すのである。ジミー・ドナルドソンやトミー・アーマーとプライベートにラウンドしているとき、わたしが180ヤードほどのショットでグリーンをはずしては、腹を立てて別のボールをまた芝生の上に放り投げ、それをピンにからませたりするのが、ホイットフィールド・エステーツでは冗談の種にされたほどだった。

どうして二番目のボールを最初に打たないのだとジミーはいい、わたしがスウィング中、右手を使いすぎると注意してくれた。それで左手の動きだけに神経を集中した結果――つまり左手一本でクラブを振るようにしたのだ――必然的にボールはフェードし、コントロールがいくぶんつくようになった。

じつはそれまで、わたしはかのハリー・バードンが絶頂期にあるころ、グリーンを狙うすべてのアイアン・ショットをフェード・ボールで打ち、正確無比のコントロールを誇っていたことを聞いてはいたものの、自分ではこのタイプのショットに対して関心は抱いていなかったのである。

ある人間固有の特性というのは、すくなくとも熟練した批評家にとっては直感されるものらしい。というのは、ハロルド・ヒルトン氏がセント・アンドリュースにおけるわたしのラウンドを見た後で、最初にコメントしたのがアイアン・ショットの打ち方だったからだ。

「天才にしかできないやり方だ」と、ヒルトン氏はいった。そして、わたしはラインの外側からボールを打っているので、もし天性のタイミングとタッチがなかったとしたら、1ラウンドで一ダースもの壊滅的な失敗をしているだろう、と説明してくれたものである。

しかし、ミュアフィールドにおける全英アマチュア選手権でははかばかしい成績が挙げられなかったにもかかわらず、イギリス遠征の途中で、わたしはショットを変えられなかった。考えてもみてほしい、大試合が三つもあったのだ。ジェス・スウィーツァーが優勝した全英アマでは、わたしは六回戦でアンドリュー・ジェミーソンに涙をのまされたが、その後にはまだセント・アンドリュースでウォーカー・カップがあり、最後にはリザム・アンド・セント・アンズで全英オープン選手権が控えていた。わたしとしては、急にスウィングを変えるわけにはいかなかったのである。

この点についてわたしはジョージ・ダンカンに相談し、彼と何度も一緒にラウンドしてみたが、ジョージもゴルフの理論家というわけではなかった。それでもウォーカー・カップでわたしはいいゴルフをし、全英オープン予選のサニングデールの2ラウンドでもいい当たりをした——アイアン・ショットで力まないように心がけた結果である。わたしはこれで十分と思われるよりもロフトのたったクラブを手にし、ボールをクリーンにゆっくり打ったのだ。サニングデールでのラウンドで66をマークしたことに何度も触れるのは気が進まないが、あれはアイアン・プレーに多くを負うていたのである——もちろん、ピッチ・ショットはほとんどなかったが。ショットを強く打たないようにすることで、いい結果が出たのだ。

とはいうものの、各ラウンドにひとつ、どうしても強打しなければならないアイアン・ショットがあった。それは15番ホールのティー・ショットで、ここは229ヤードのまったく平らな美しいパー3ホールだが、ヤーデージは数字そのまま正確にある。しかもグリーンまでは狭く、もし一打で乗せようとするなら、長いアイアンが必要だった。

わたしは二度のラウンドとも、非常にうまく自分を引き締めたと思う。このホールの距離は、わたしが持っているアイアンの中では古いドライビング・マッシーが適当のようだった。そして、何とも不思議なことに、2ラウンドともボールをピンに当てるほどに打てて、最初のラウンドではピンの上12フィート、次のラウンドでは15フィート上にくっついたのである。このふたつのアイアン・ショットを思い出すと、バーナード・ダーウィン氏が誉めてくれた第1ラウンド10番ホールのセカンド・ショットともども、わたしはいまでもうれしくなる。2番アイアンによるそのショットは、大きいバンカーを越えて急な上りの丘の上へ打っていく200ヤードぐらいのものだったが、そこでバーディの4をとったのだ。

そして、もちろん、その後で全英オープン選手権をもたらしてくれたのも、ひとつのアイアン・ショットだった。

いま考えてみると、じつに奇妙なことである。わたしが勝った、三つのナショナル・オープン選手権——つまり全英が一回と全米が二回——において、いずれもひとつのアイアン・ショットがタイトルを引き寄せてくれたのだ。当然のことだが、ひとりの人間がリードをつづけることを誰も許しはしない。2ストロークの差で全英オープンに勝てたときも、わたしは試合が終わるまでまったくどうなるのか確信が持てなかった。結果は、72ホールの後でしかわからないのだ。一九二三年の全米オープンでは、勝つためにはボビー・クルックシャンクとプレー・オフを戦わなければならなかったし、一九二六年のサイオトでは、わずか1ストローク差でジョー・ターネサを抜きさるのに、残り12ホールのうち10ホールを4、2ホールを3でプレーする必要があったのである。

そのいずれの場合にも、ひとつのアイアン・ショットがもっとも際立っている。インウッドにおけるクルックシャンクとの対戦のことは、すでに前に詳しく説明した。それは2番アイアンだったが、そのクラブは親しい友人だった故J・S・ウォーシントン氏がイギリスに帰る際に、贈ってしまった。彼が旅立つちょっと前に手紙を書いてきて、記念のために要らなくなったわたしのクラブが欲しい、と頼まれた。が、彼に贈るに値するクラブといったらこれしか思いつかなかった。わたしに最初のビッグ・タイトルをもたらしてくれたクラブだからである。

セント・アンズとサイオトにおけるショットは、ともにマッシー・アイアンだったが、同じクラブではない。セント・アンズで使ったものは、試合の後ですぐチャーリー・マクファーレンにあげてしまった。チャーリーは、わたしのあのショットをとても誉めてくれたのだ。

あのショットは絶体絶命のピンチとでも呼ぶべき局面でのものだった。セント・アンズの17番は、フェアウェイの左側に沿って何エーカーも砂丘が広がっている、411ヤードのホールである。しかもホールは左へ曲がっていて、砂の上にボールを打ちこんだら第二打を打つのは容易ではないのだが、わたしはボールをちょっと引っ張ってしまった。砂の上からボールを打つのは生来的に苦手な上、ボールがあるところからはグリーンが見えなかった。一緒に回っていたアル・ワトラスは2ストロークのリードを失い、2ホールを残してわたしたちはタイになったところだった。が、ここで彼はいいドライブを打ち、第二打を先にグリーンに乗せたのである。まさしく、絶体絶命だった。

グリーンのほうを確かめ、グリーンとボールの間に何があるかを見るためには、ずっと右のフェアウェイをほとんど横切るぐらいのところまでいかなければならなかった。それでわたしはそうしたが、状況はとても勇気が湧いてくるようなものではなかった。175ヤードのキャリー・ボールをきっちり、しかも正確なラインに打って、グリーンでぴったり止めなければならないのだ――仮にグリーンに届いたとして。幸運にもボールのライはよかったが、この乾いた砂の上からそういうショットをするのは、至難のことだった。砂の上では、ブレードが8分の1インチでも深く入ったら、ボールはすぐ目の前にポトンと落ちるだけである。そしてもしブレードが浅く入ったら——こういう悲惨な想像は振り捨てたいものだ。

ともかくもわたしはショットをし、砂地獄から脱出した。ボールはアルよりもピンの近くに乗り、彼は3パットをしてしまった。これでわたしはどうしても欲しかった1ストロークのリードを得て、最終ホールではドライブと第二打ともにわたしが幸運に恵まれてパーの4であがったのに対し、アルはわたしのボールがわずか数フィートで入るのを免れたバンカーに打ちこみ、もう1ストロークを落としたのだった。

同じタイプのクラブ——わたしはマッシー・アイアンが好きなんだろうと思われるだろうか？——が、それから十五日後、サイオトにおいて全米オープン選手権の最終ホールのグリーンを狙う最後のショットにも登場してきた。18番ティーにたったとき、480ヤードのこのホールをジョー・ターネサがバーディの4であがったことを、わたしは聞いた。それまで1ストローク、リードしていたから、わたしもバーディをとればジョーより上にいけるわけである。他にスコアの接近している選手はいなかったから、選手権を握る絶好のチャンスだった。

わたしは力いっぱい、ドライブを打った。横風が右に吹いていたが、ショットに影響があるとは思えなかった。フェアウェイの左端にあるボールのところまで行ったとき、わたしは使いこんだマッシー・アイアンで、ハーフ・ショットよりはちょっと強めにグリーンを狙っていくのがいいだろうと思った。距離は180ヤードぐらいだったが、キャリーでグリーンに届かせる気はなかった。グリーンはいくぶん盛りあがっていて、亀の背と呼ばれていた。そういうグリーンへボールを直接乗せようとするのは危険な話であり、わたしは、別のショットをしようと決めたのだ。広く開けているグリーン手前10ないし15ヤードのあたりに狙いをつけ、後は転がって乗るようにかなり低いボールを打った。方向もよく、落ちどころもほぼ狙ったとおりで、ボールはピンの上20フィートに乗った。2パットで勝てるのだ。ファースト・パットがカップに寄った。かくして、わたしは1ストロークの差で全米オープンに勝ったのである。

アイアン・クラブが、わたしは好きである。たっぷりと打ちこんでみて自分に合うと思ったものを一本一本とくわえ、セットとして揃えた。そしてそれは、セント・アンドリュースのトム・スチュワートとスポルディング社のヴィクター・イースト氏によってコピーされてきているが、クラブのデザイナーであり製作者でもあるイースト氏が話してくれたところによると、わたしが勝手気ままにいわば本能的に寄せ集めたクラブは、ミリ単位で計測し、科学的に重量、バランスを計り、ヒッティング・テストをしてみた結果、完全なセットになっていたそうである。ただし、マッシー・ニブリックを除いてのことだがね、とイースト氏はいった。その一本だけが異端のクラブだったわけだ。何年もの間、どうもその忌々しいやつだけがしっくりこなかったはずである。

わたしのセットは、標準のものとは違う。ウッド・クラブもそうだが、アイアンも一般に使われているクラブよりもロフトがたっている。ロフトのたっている順でいうと、わたしのアイアン・セットはドライビング・マッシー、1番アイアン、2番アイアン、マッシー・アイアン、それに4番アイアンとつづく。そして前に述べたように、マッシーがくる。このクラブも、わたしにはアイアンに含めていいように思えるからだ。3番アイアンは使わない。マッシー・アイアンのほうが好きだし、それで3番アイアンの代用はできるのである。

近年、クラブの名前は非常に変わってきている。以前ドライビング・アイアンと呼ばれたクラブは、いまでは1番アイアンに分類される。それよりもっとロフトのないドライビング・マッシーは、フェースがいくぶん厚くて短く、わずかに重い。2番アイアンはミッド・アイアンと呼ばれていたものだが、わたしのはふつうの2番アイアンよりもフェースが垂直に近く、ほとんど1番アイアンみたいなものである。マッシー・アイアンは、古いタイプのミッド・アイアンぐらいロフトがたっている。4番アイアンだけは、それでもちょっとロフトがないが、ふつうの標準クラブに近い。そういうわけで、わたしのクラブ・セッティングのいちばん大きい差があるのは、マッシー・アイアンと4番アイアンの間ということになる。

　これらのクラブによるショットでどれほどの距離が打てるか、それをあらかじめ決めるのは、ほとんど不可能である。というのも、クラブの選択は距離よりもショットの性格によるのだし、あらゆるショットは地形や、風や、その他さまざまな条件によって無限に変化するからだ。とはいうものの、ごくふつうの条件下でふつうの距離ということであるなら、わたしには4番アイアンで160ないし175ヤードが適正である。マッシー・アイアンは190ヤードまで、2番アイアンでは200ヤード前後、そして210から220ヤードだったら1番アイアンかドライビング・マッシーを使う。が、この距離の場合、特にボールのライや他の条件がアイアンを必要としないなら、わたしはスプーンで打つことにしている。

　そう――わたしはアイアン・クラブが好きなのである。たとえスコーキーの2番ホールにおけるしまりのないプレーが一九二二年の全米オープンを勝ちそこなう原因となり、ウォーセスターでのだらしないミスがやはり一九二五年の全米オープンでの潰滅を招いたとはいえ、アイアンのプレーが好きなのだ。アイアンのショットはずいぶん研究したし、レッスンにも耳を傾けた。そしてわたしが教えられた最後のレッスンはとても短いものだったが、ともかくそれは、わたしのショットにいい結果をもたらしてくれた。

天才であるかどうかはともかく――ハロルド・ヒルトン氏のうれしい讃辞を思い出すが――、イギリス遠征中、いま思い出しても催眠術にでもかかっていたに違いないというくらいいいプレーをしたサニングデールは別にしても、アイアンの調子は上々だった。サニングデールでは、アイアン・ショットの機会がじつに多かったが、自分でもボールがラインをはずれることなどまったく心配する必要がないくらい、クラブがしっかりと手に感じられたものである。

しかし、アイアンでショットするときの自分のスウィングに、何となく満足できなかったので、一九二六年の長い旅行からアトランタに帰ってきたとき、つねにわたしのゴルフ主治医であるスチュアート・メイドンに話してみた。たぶん、わたしは自分の不満を告白したのだと思う。

スチュアートはいった。

「ちょっとボールを打ってみたまえ」

わたしは何球か打った。スチュアートは、わたしの体の右側に目を注いでいるようだった。彼は口数のすくない男である。

「もうすこし体をスクェアにもどして」

と、彼はいった。

長い間、わたしはわずかにオープン・スタンスでゴルフをしていた。右の足も肩も、左サイドよりはショットのラインに近く構えていたのである。

「右足と右肩を、ちょっと引いてごらん」

とスチュアート。

わたしはそうした。いわゆるスクェア・スタンスにしたわけだ。

「で、どうすればいいの？」

とわたしはスチュアートに訊いた。

「ボールをぶったたけばいいんだ」

と、簡潔に彼はいった。

わたしは打った。ボールはあらかじめ定められたラインのように、まっすぐ飛んでいった。

これが、スチュアート・メイドンの教え方だった。この不完全で複雑きわまる世の中で、これほど単純で直截《ちょくせつ》なことにわたしは遭遇していない。スチュアートは、わたしのスウィングではクラブがボールに対して飛球線の外側からおりてくるのを見ていたのだ。それを彼は、説明したり理屈をいったりせず——いつもそうだ——ただ一点、調整法を指示するだけ。それがじつに効果的なのだ。彼の調整法はこういうぐあいなのである。

一般的にいえば、わたしのアイアン・プレーの方法はスチュアート・メイドンが教えるとおりだ。ショットは、まっすぐ打つように心掛けている。すなわち、フェードさせることもしないし、右へふわふわ漂わせることも左へ引っぱることもしない――横風が強くてボールが浮いてしまうときを除いては。しかし、そういう場合ですら、ボールはしっかり打ちさえすればラインどおりに飛んでいくものである。

アイアン・ショットで、わたしはスクェアなスタンスをとる。つまり、両足は飛球線から――ボールからではない、ボールは左足の前にあるのだから――等距離にあるわけだ。左腕はボールにセットしたところからテーク・バックに入り、ボールを打ちぬく直後まで、理論上ではなく実際にまっすぐのままである。バック・スウィングでは、しっかり体を回すようにする。この捻転運動の際、体の左サイドを回して右サイドをボールからできるだけ遠ざけるようにしているのだが、この楽にボディ・ターンをさせるところこそが自分のスウィングのもっとも大事な点だと、わたしは繰り返しいっておきたい。

風を考えないでいいような場合、わたしは距離にちょうどぴったりというクラブでフル・スウィングするよりも、もうちょっとロフトのないクラブでまっすぐ、シンプルに打つようにしている。以前、名手たちがよく試みていたボールを強く打ちこむプッシュ・ショットは、わたしはほとんどやらない。

風が右から吹いているか逆風の場合は、距離に必要と思われるよりも大きいクラブを手にする。向かい風の中では、ゆったりしたスウィングで打ったほうがボールはよく飛ぶというのは、不思議な事実である。おそらく、バック・スピンがあまりかからなくなるからだろうと思う。さらにこういう条件下では、大きめのクラブでいくぶんカット気味に打つと、ボールはいわば風に逆らってまっすぐ飛ぶものだ。

左からの風のときには、小さめのクラブでしっかり打ち抜いていくようにしている。ボールからちょっと遠くたち、ボディ・ターンを心もち大きくとって、強くヒットするわけである。右肩はすこし高くなり、左への回転がわずかにかかってボールは風に逆らってしっかりと飛ぶ。が、はっきり認識しておかなくてはならない点は、よほど風が強く吹いていないかぎりは、しっかり打たれたボールはほとんど風の影響を受けることがなく、したがってわたしのいったような細工は必要としないということである。もちろん、風は距離に影響を及ぼすから、クラブの選択には十分、注意すべきであることはいうまでもない。前にもいったように、わたしは、逆風の場合には低いボールで風の影響を受けないように、大きめのクラブでゆっくりしたスウィングをする。やわらかいクッションに向かってボールを打つようなものだから、ボールを止めることに神経を配る必要もないわけだ。

追い風のときは、小さいクラブで強くボールをヒットする。ボールは高く舞いあがるが、追い風はボールの回転をなくすらしく落ちてから止まりにくくするので、高くする必要があるわけである。

とはいえ、これらのちょっとしたショットの打ち分けは、ほとんど気どりみたいなものであって、わたしのゴルフがこうしたことを考えていたおかげでつくりあげられたわけではないことを、どうか理解していただきたいと思う。その種のことは主観的、本能的なもので、プレーをしている間にまったく無意識のうちに出てくるのだ。ちょうど、野球の外野手が足の運びやリストをどうすべきか考えたりせず、キャッチャーにいいバウンドでボールを投げるようなものであろう。ゴルフのストロークにおける微妙な動きについて、言葉で表現するのは不可能である。自分の経験から得た方法でプレーするしかないのだ――客観的な考察など関係なしに。スウィングの分析をするのは楽しいものであるが、だからといって読者諸氏が、自分のショットに自信を抱いていたのに、わたしの分析じみた行為によって妙に自信を失ったりしないようにと、切に願っている。

1927年、２年連続の全英オープン優勝（於／セント・アンドリュース）。ボビー・ジョーンズ25歳。野球選手だった父と喜びを分かち合う

第十五章

大砲

ティー・ショットとスルー・ザ・グリーンからのウッド・ショットを、わたしは区別して考えようとは思わない。本質的にそのふたつのショットは似ているので、ドライブについて考察することが、そのまますべてのウッド・ショットについても当てはまるはずである。

母のブラッシーを短くしたものが、わたしの最初のウッド・クラブだった。そして、母と父が最後まで飽きずにラウンドするならという条件でゴルフ・コースに連れていってくれるときには、このクラブ一本だけでプレーしたものだ。もちろん、当然のことながら、そのいわば遠足みたいなものからは、飽きずにプレーしつづけるということ以外に、あまり学ぶことはなかったようである。ゴルフを始めた最初のころ、わたしはずいぶんフェースの薄いウッド・クラブを使っていた。子供時代に持っていたいちばんいいドライバーは、ヘッドが大きくて、黄色く塗られたもので、これはわたしがまだゴルフを始める以前に、アレックス・スミスが、ペリー・アデアのためにつくったクラブである。ペリーが体が大きくなって合わなくなり、それが回ってきたわけだ。わたしが最初に正規のクラブを持てたのは、スチュアート・メイドンがつくってくれたからである。ドライバー・ブラッシー、ミッド・アイアン、マッシー、ニブリック、それにパターという構成だった。そのころはまだ、スプーンとかバッフィとかいうクラブのことを、ぜんぜん知らなかった。いま使っているウッド・クラブが標準モデルよりはロフトがたっているのも、あのころの体験に由来しているのかもしれないと思う。

偉大なるクラブ・デザイナーであるヴィクター・イーストによれば、通常のウッド・クラブのロフトは、ドライバーが79度、ブラッシーが75度、スプーン71度だそうである。が、わたしのウッド・セットは、それよりはフェースがかなり垂直に近くたっている。ドライバーは82度、ブラッシー79度、スプーンが73度で、ブラッシーが標準的ドライバーと同じくらいのロフトになるわけだ。今日、使用されているウッド・クラブの中では、もっともロフトがたっているのではあるまいか（※注　ロフトの計り方が、ボビー・ジョーンズのころは水平の線から計算していたようだ。現代では、垂直線から逆に計っている――つまりボビーの82度のドライバーは、8度ということになる）。

最近はボールが非常に飛ぶようになったため、上級のゴルファーの間ではブラッシーやスプーンがあまり使われなくなった。しかし、ブラッシーとスプーンによるショットはうまく使うと気持ちのよいもので、使いだしたら離せなくなるものであろう。

子供のころ、わたしは力いっぱいひっぱたくのが好きだった。それがアイアンではけっこううまくいっていたが、ウッドではしばしばラインからはずしていた。ほとんどが左へ、である。これは間違いなく、あまりに強く打つことにばかり夢中だったところに起因していたようだ。と思うのも、前にも触れたが、十四歳のとき、ノックスビルにおけるトーナメントで、腰痛のためにボールを強打できなかったため、わたしはかえって正確なショットができたことがあったからである。

ボールを強く打とうとすると何らかのミスを引き起こす——という事実は、さらに敷衍《ふえん》して、ゴルフにおいてはあまりに強振することがさまざまな弊害に結びつくとまでいっていいであろう。

少年期のわたしの最大の誤ちは、いまでも、いちばん注意していることでもあるが——インパクトの前に、体の左サイドを止めてしまうことだった。逆にいうなら体の左サイドの動きをスムーズにできなかったということである。そのころの誤ちがどういう理由から生じていたかはともかく、自分で気づくようになるまでは、あまりに慎重になりすぎたときに起こっていたようだ。つまり、フェアウェイが狭いホールのような、もっとも大事な局面で、このミスが発生していたのである。むしろ、気楽に力いっぱい叩いているときは、ボールはまっすぐ飛んでいったものだ。

この種のミスの典型的な例は、一九二七年にわたしのホーム・コース、イースト・レイクで行われた南部オープンに見られる。この試合でわたしはコンスタントにいいドライブを打っていたが、1番ホールだけはどうしてもドライブがうまく打てなかった。このホールは、ティーから250ヤードぐらいのところで、右からは林がせり出し、左サイドには池があって、フェアウェイが狭まっている。わたしはここ数年もの間、いつもこのあたりにドライブを飛ばすことにしていたが、この試合ではまったくボールのコントロールがきかず、ろくなショットができなかった。特に最後の2ラウンドにおけるショットはひどいもので、まだしも池に入らないで止まったのが幸いというべきほどだった。

ウッド・クラブでティー・ショットをするとき、それに正常な状態でのウッド・ショットのすべてで、わたしはボールを左足のかかとの線上に置く。これはかなり前のほうにあるというべきで、多くのすぐれたプレーヤーはボールをもっと中に入れている。わたしも一九二三年から一九二四年にかけては、スチュアート・メイドンの方法に背き、自分のスウィングに合うかどうかを考えてもみずに、ボールをかなり中に入れてプレーしていた。考えてみると、そのころわたしはボールの位置についてまったく無頓着で、いま自分にとってボールはずっと左のほうに置くことが重要であるとわかっているようには、理解していなかったのだろう。ウッド・クラブでもボールをダウン・ブローに打っていくプレーヤーもいるが、わたしはできるだけボールの後方からクリーンに打つようにしている。

ともあれ、ボールを置く位置に無頓着だった間、わたしはクラブ・フェースを厚くしていた。おわかりいただけると思うが、ボールを左足かかとの線から何インチも中に入れて両足の間に置くことになれば、当然ながらダウン・ブローに打たねばならなくなり、思ったよりボールは高くあがって、ランがすくなくなる。そういうショットは距離も落ちるし、風の影響も受けやすいようにわたしは思った。そこでクラブ・フェースを厚くし、ロフトもどんどんたてていった——のだが、一九二三年から一九二四年にハーバードにいる間、自分にもっとも合うドライバーをつくろうという不幸な実験をつづけたものである。わたしはドライバーのデザインに長い時間をかけた。できあがってみたらそれはじつに奇妙な格好をした代物だった。

ヘッドはあの長くて広くて薄い、いわゆるドレッドノート型ではなく、したがって、このわたしの愛する棍棒に対してすぐさま授けられた〝スーパー・ドレッドノート〟という名前は、まったくの間違いである。このヘッドは通常のものよりちょっと前後に大きいぐらいのものにすぎなかった。が、そのわずかな違いにもかかわらず、木材の量としてはものすごく多かった。ヴィルギリウスなら、それは木の一片ではないと称しただろう。

フェースの厚さは1インチ8分の5、その上さらに8分の3インチのふくらみがあり、ロフトはほとんどないに等しかった。こんな90度ものロフトのクラブなど、かつてティー・グラウンドで使われたことなどあるまいと思う。なにしろ木そのものの重みがあるので、重量を調節するためには小さな鉛玉をひとつ入れればよかった——というより、つくりあげたクラブのうちの何本かには、鉛を入れずにできたものもあったように記憶している。

いいクラブだと思いこんでいると、実際には自分に合っていないものでも、ちょっとの間はいいショットが打てたりするものである。わたし自身もまた、生みの親としてこのクラブが気に入っていた。そして平たくいえば、しばらくは自分の間違ったボールの位置を畸型クラブでごまかそうと愚かな努力をしていたわけである。それでも、一九二四年の春ごろと、アトランタのドレード・ヒルズで行われたジョージア・アラバマ・プロゴルフ協会主催のオープン選手権では、そのクラブでとてもいいプレーをした。それで、オークランド・ヒルズでのその年の全米オープンにもそれを持っていったのだが、あまりにしばしばボールを上から叩きすぎてゴロを打ったため、2ラウンド終わったところでふつうのモデルに近いクラブに替えてしまった。その後すぐ、自分の問題が、ボールの位置にあることに気づいた。それ以来、わたしのクラブは標準モデルに比べればフェースはずっと厚いとはいうものの、ほとんどふつうの型のものに近い。

当時、わたしのクラブの奇妙な形状はさまざまな論議の的となったものだが、そういうクラブをつくるに当たっての自分なりの思惑、とりわけウッド・クラブでどういうプレーをしようと考えていたかを説明してみれば、あるいは読者諸氏の興味を惹くかもしれない。

このクラブのデザインを、わたしはいささか大袈裟にやりすぎた。高く舞いあがるボールがずっと悩みの種だったから、低い弾道で飛び出してランの稼げるようなクラブが欲しかったのだが、このデザインのクラブでもくろみどおりの結果を出すためには、ボールを左足の前から中に置かなければならなかった上に、ボールをほとんど1インチの高さにティアップすることにもなって、それでやっとボールを真後ろから打てるようになったのだった。すべての条件がうまく整い、ボールを正確にヒットできたときには、素晴らしい結果も生まれたものである。ジョージア・アラバマ・オープンの際に放ったドライブほどのショットは、わたしのゴルフ人生で決して打てたことはなかったし、あれほど飛んだこともなかったと思う。バーミンガムのロング・ヒッターとして有名な、チャーリー・ホールと組んで回っていたラウンドの11番ホールで、彼が360ヤードも飛ばしたのに対し、わたしも遜色なく340ヤードもかっ飛ばしたことを覚えている。ふたりのショットを足すと、何と700ヤードにもなる始末だった。

そのラウンドの14番ホールでは、もっと長距離のドライブさえ打った。急傾斜の丘陵の中腹をグリーンまでまっすぐな340ヤードのこのホールで、わたしのショットはほとんどランもなしにグリーンのへりまで届いてしまったのだ。ボールがどんどん転がって距離がもっと出たことはあったが、キャリーであんな遠くまで飛んだショットはかつてなかったことである。

しかし、やりすぎだった。このクラブでのショットは、よほど注意して正確に打たないと、あまりに多様なミスを惹き起こした——たいていは引っかけのチョロであったが。そのため、まただんだんとボールを前に出して、正しい位置へともどしていったが、同時に打ちそこないを許容してくれるクラブが必要にもなってきたのだった。

幸運なことに、ボールの引っかけチョロはまったくなくなった。それでもときどき左腰の回転が止まり、ボールを強くヒットしようと両腕を振りすぎて、体が楽に動かないときには、ボールはラインをはずれて左に飛び出すことがある。が、そのころ、わたしがラインをはずすのは必ず右方向にだったものである。

これには、ふたつの原因がある。アドレスで不注意にボールを数インチ中に入れてしまうことと、クラブ・ヘッドをタイミングよく振り抜けないことだ。つまり、クラブ・ヘッドが円弧のヒッティング・ポイントへ来る前に、ボールに当たってしまうわけである。

試行錯誤のすえに、楽に体を回転させることの重要性に気がついた。これはわたしのスウィングでもっとも大事な要素で、もちろん体の回転には両脚と腰の動きが密接に関わっている。が、こういう体の動きを理解していただけるように説明できるものかどうか、はなはだ心もとない。

ウッド・クラブによるショットのアドレスでは、あまり遠くたちすぎないように注意している。ボールにクラブ・ヘッドを届かせようとすると、必ずトラブルが生じかねないのだ。アドレスで体はかなりたてて構え、両足の間隔は比較的狭い。スタンスはほとんどスクェア、つまりショットのラインに対して左右のつま先はほぼ等距離にあるわけだ。とはいうものの、左つま先のほうが心もちラインから遠いかもしれないので、いくぶんかは世間のいうオープン・スタンスになっているのだろう。アドレスの際、重心は足の裏のふくらみに置き、できるだけ両足に均等にかかるようにしている。

さて、体重の移動である。

これは説明するのがじつに難しいことだが、バック・スウィングからストロークする間、わたしの重心はまず右へと動き、それから左へと移っているようだが、左右へと同時に前後にも微妙に移動して、四角を描いているのかもしれない。

前にも触れたように、アドレス時における体重は、両足裏のふくらみに等分に置かれ、ひざは軽く前方に曲げられている。クラブが後方に引かれると、左のかかとがあがって左ひざは内側に捻られるから、重心は左足の前方内側に移り、バック・スウィングのトップでは重心はまったく右足のかかとにかかる。ストロークに入ると、この重心の移動は逆になる。今度は右足のかかとがあがるために重心は右足のつま先に移り、フィニッシュでは左足のかかとに全重心が乗ってくるわけである。

説明していても複雑きわまるこのプロセスは、すべて体の回転に連動している。そしてこれが、大小を問わずすべてのわたしのショットに必須なものだと思う。もちろんのことだが、小さいショットの場合には、体の回転も重心の移動もはっきり認められないくらい小さいはずである。しかし、間違いなく体は回転し、重心も移動してはいるのだ。

フル・ショットの場合にはいつでも、テーク・バックからボールが飛んでいってしまうまで、わたしは左腕をまっすぐ伸ばすようにしている。トップ・オブ・スウィングでも、ひじは弛まない。この左腕をまっすぐに保つということは、体の捻転によって助けられているが、部分的には体の捻転を促す役もつとめているのかもしれない。ジョージ・ダンカンのいうところでは、バック・スウィングは体の左サイド、上体、腕、脚によって始動するのだという。わたしも、彼のいうところはまったく正しいと思う。そして、この捻転は左腕を楽にしてくれるとともに、左ひじをまっすぐに保たせてくれ、さらに体に沿ってクラブを後上方に引くことを可能にする。つまり、クラブ・ヘッドをまっすぐ後へ引いたりせずに済むのだ。

わたしの場合、体を楽に回転させるためには、すべてのショットで両足を狭くすることが本能的に必要である。評論家たちは、わたしのスタンスが誰よりも狭いという。が、そのために一度としてバランスが崩れると感じたことはないし、スタンスを広くしようとしてみると、楽に体が回転させられなくなってしまうのだ。もしわたしのスウィングにどこかいい部分があるとするなら、それは体を楽に回転させているという点である——と、自分ではそう確信しているのである。

ところで、ダウン・スウィング中におけるヒッティング・エリアはトップ・オブ・スウィングから始まるわけではなく、クラブを引きおろすのも、リストの動きに頼ってはいけない。いい換えれば、クラブ・ヘッドから始動してはならないのである。というのも、ヘッドからスタートすると、ボールをヒットする前にリストの力を失ってしまうからだ。わたしにとって、あらゆるフル・ショットにおけるダウン・スウィングの始動は、わずかに左へスウェイするのが正しい方法であるように思う。両腕はリストをまだ〝コック〟させたままおりていく。こまかく分析するのはほとんど不可能なことだが、ストロークのヒッティング・エリアは、右手から始まるようである。右腕が伸び、両リストがほどけはじめるわけだ。わたしのスウィングの例でいえば、クラブが地面と平行になり、両手が右足の前にきたあたりからヒッティング・エリアに入っているように思う。ゆっくり始動したクラブの速度は、この段階にいたって加速され、それからリストがほどけ、右腕がまっすぐになる勢いが強いヒッティングを生む。

スウィングをばらばらに分解してチェックをするのは、おそろしく複雑な仕事である。わたしはゴルフのプレーを分析的に研究するのが好きではない。この種の分解的な試みは頭が痛くなるだけである。とはいえ、こういう分解作業を繰り返すたびに、いつもさまざまな形で、自分にとってはあらゆるショットで体の回転がもっとも重要な要素であることに気づいたことは、とても興味深かった。

もうひとつ、注意すべきことがある。スチュアート・メイドンは、実際にショットをしている最中、スウィングのこまかい部分のことなど考えていられるわけがないと主張する。そんなことを考えていたら、ショットなどとうていできないというわけである。どこの誰もそんなことを念頭に置いて、いいショットができようはずがないじゃないかというのだ。そのとおりであることは、わたしとてよくわかる。だから、わたしがいろいろ考えるのはプレーに入る前のことだ。そしていったんスウィングに入るときには、ただボールを打つことしか考えていない。それ以外のことを考えようとしたら、破滅への道を辿るだけである。

1930年頃 ウィングドフットでの一葉

第十六章

さまざまなショット――
そしてトラブル

ごく一般的にいえば、ゴルフというゲームにおけるトラブル・ショットの最大の目的は、トラブルから脱出するところにある。この結論は、どう考えてみてもごく当たり前のことのようにみえるが、にもかかわらず、じつはそうではない——とりわけ、アベレージ・ゴルファーやそれよりもっと技倆の下の人にとっては。彼らがトラブルに陥った場合、トラブル・ショットの目的は——いや、危険にみちた野心とでもいったほうがいいだろうが——そのトラブルから脱出しようということと同時に、トラブルに陥らなかった場合と同じ結果を出せるショットを試みようとすることなのである。何とかして、そういうショットを成功させようと思うのだ。

この種の野心は、ある意味では褒めるに足るものであり、ときとしてはトラブルに陥った罰を軽くするためのショットを敢えてすることも、あるいは必要なのかもしれない。が、見事なリカバリーがもし要求されているのだったら、いったんボールをプレーしやすいところへ出した上で、その見事な試みをするほうがずっと易しい——という事実を脳裡に刻みこんでおくべきであろう。

この点についてなら、たいした権威はないかもしれないが、かなりの確信をもってわたしは発言できるつもりである。過去五年の間にわたしのゴルフでもっとも進歩した点といえば、難しい局面に陥ったときでも冷静に判断できるだけの心理的訓練ができたことと、無謀にも可能性もない脱出策を試みたりしなくなったところなのだ。以前は、トラブルに陥ることとなったミス・ショットに対してカッとし、後先のことも考えずボールのところに近寄ると、一息入れる間もなくショットしてしまったものであるが、いまでは——たまには——ちょっと考えるようになった。

いくつかの例を挙げて、トラブルの処理について考えてみよう。ボールが深いラフに入ってしまったとか、あるいは林の中に打ちこんだとか、サイド・バンカーに転がりこんだとか、何か障害物があるところにいってしまった場合、どうしたらいいのか？

当然のことだが、マッチ・プレーとメダル・プレーとでは、処理のしかたに大きな違いがある。状況がどうであれ、そしてまた試合の展開がどうあったとしても、マッチ・プレーをしている際にはどのホールでも勝ちにいくのは、決して不思議ではない。うなずけることだ。どうしてもとらなくてはならないホールにおいては、引き分けにもちこもうというつもりになってもいけないのである。もちろん、マッチ・プレーの場合には、あるホールで壊滅的なスコアを出したとしても1ホールを失うだけのことだが、メダル・プレーであれば、それがトーナメントそのものを失うことにもつながりかねない。したがって、自分が陥った状況についてじっくり検討してみる必要があるわけで、無謀な挙に出る前に考えるだけのチャンスは残されているのである。

わたしが考えるチャンスというのは、こういうことである。まず、リカバリー・ショットについての第一の問題は、それが果たして脱出できるものかどうかということだ。つまり、自分が望んでいるようなショットを試みるだけのライにボールがあるのか――という点なのである。

さらにつけくわえるなら、仮にそのショットを失敗したとき、ボールをトラブルから安全に出したときに比べ、もっと悪い局面に陥ってしまうのではないか――ということなのだ。

とはいっても、もちろんギャンブル・ショットをしてもいい状況がないではない。わたしだって、そういう際には賭けに出ることもある。具体的に。サイオトにおける一九二六年の全米オープンと、わたしのホーム・コースのイースト・レイクで行われた一九二七年の南部オープンにおいて、あるホールで試みたプレーを例に引いてみよう。

後者を先に説明してみると……。

その南部オープンの第3ラウンドのスタートで、わたしはドライブをプルし、ティーから240ヤードほど先のフェアウェイ左側にある池の横の林にボールを打ちこんでしまった。行ってみるとボールは池の土手の上にあったが、グリーン方向は木と木の間が十分、開けていた。たまたまその数日前、わたしはプライベートな試合でほとんど同じ場所にドライブを打ち、木の間を抜いてグリーンを狙い、パーの4におさめていた。しかし、この場合は事情がまったく違う。試合はメダル・プレーで争われていたし、そこでわたしは状況を分析し、リカバリー・ショットに失敗したら――確かにミスを犯したらボールは池の中に落ちてしまうに違いなかった――取り返しがつかないと結論を出して、ピン・フラッグに背を向け、フェアウェイ中央の安全な場所へていねいにチップした。そこからグリーンへ気分のいいショットをし、5であがったのである。もちろんこれは4であがるのに比べればいいとはいえないにしても、スコア・カードに記入する数字の上でも、またわたし自身の気持ちの上でも、6とか7とか8というスコアになったかもしれないことを考えれば、比べようもなかった。

一九二六年の全米オープン、サイオトの第1ラウンドにおける10番ホールでわたしのドライブはイースト・レイクの場合と同じように酷いものだったが、状況はいささか違っていた。

サイオトの10番ティーからわたしはボールを右ラフのマウンドの下、すげ芝の中に打ちこんでしまった。手前を小川でガードされたグリーンとその場所の間には三本の木がたっていて、その中の一番高い木がグリーンまでのライン上にかかっていた。そして、ラフは文字どおりラフだった。

グリーンまでの距離は175ヤード、しかもその高い木を越えて打っていかなければならない。

さて、どういう選択をすべきか？　フェアウェイにボールを出すのも、決して易しくはない。そのラフから、確実にチップできるとはわたしには思えなかった。もしチップしようとすればボールを強く打ち出さねばならず、反対側のラフにまでボールを飛ばしてしまう危険があるし、現にいま陥っているよりももっと厄介な状況にはまりこんでしまわないとも限らないのだ。

しかし、もしグリーンを狙ってショットした場合には、たぶんふたつのうちのひとつのことが生じるはずである——高い木にボールをぶつけるか、あるいは失敗して深いラフの草を刈り取るか、だ。が、どちらの場合でも、フェアウェイにボールを出そうとするのと大した違いはない状況で、グリーンを狙って次のショットをする途は残されているのである。

わたしはグリーンを狙うことにし、決してボールを強く打つまいと考えた。マッシーを使った。ボールはきれいに舞いあがり、木を越え、キャリーでグリーンに落ち、奥のエッジで止まった。

この例の場合は、正しかっただろうと思う。が、そうではなかった例もある。まだ若くして思慮に欠けていた一九二一年、全米オープンはワシントンDCのコロンビア・コースで行われたが、このときはばかばかしいことに、予選ラウンドは18ホールだった。どこか1ホールでも失敗を犯せば、予選通過もおぼつかないことを意味しているわけだ。

その予選ラウンドの最初のドライブで、わたしはおそろしい大フックを打ってしまった。ボールはフェアウェイ左の深い林の中に消えていった。このホールは典型的な右へのドッグレッグで、ドライブ・アンド・ピッチのパー4ホールなのに、である。

ボールはベア・グラウンドの上にあった。グリーンまでは木の間を通してかなりの距離があり、ミドル・アイアンで届くかどうかというぐらい残っていた。ただ唯一の障害といえば、ボールからグリーンへのライン上の12フィートほど先に横たわっている巨大な木の根だけである。

すでに触れたように、わたしはまだ若くて愚かだった。しかも、グリーンはよく見える――かなりよく見えた――のだ。安全にボールをフェアウェイに出す気も起きなかった。もしそうすれば、いいライからグリーンにピッチをし、確実に5であがれるはずだし、ピッチ・ショットがピンに寄ったり、いいパッティングができればまだ4を拾えるチャンスがあったにもかかわらず、である。つまり、見事なばかりのリカバリー・ショットというものは、ボールをいいライに出してからすべきものだという、これこそがいい例証なのだが。

ともかく、わたしはグリーン・オンさせるつもりで、勇敢にもボールをひっぱたいた。しかし、ボールのところに近寄ったときから、巨大な木の根のことが頭にあったのだ。そのときのことは、いまでも克明に覚えている。わたしはどこかで不安を抱きながらショットをし、ハーフ・トップした。一瞬の後、わたしはボールが背後の木に当たってはね返り、また別の木に当たる音を耳にしていた。そう、その音と同時に、別のことをも。ギャラリーのうちの熱烈な人たちが、わたしのショットを見ようと林の中までついてきていたのだが、そのうちの誰かが、囁くというよりははっきり聞こえる声でいったのだ――「ボビーはこれで終わったよ!」

いまさら、わたしがうろたえたことはくどくど語るまでもない。ボールを探し出せないことも十分あるし、仮にボールがあったところで、林の中から出すのに何ストロークも要するようなことになるのかもしれないのだ。いずれの場合でも、わたしはもうこれで、一九二一年度のナショナル・オープン選手権の予選通過は望めないであろう。予選も通過できない――そう、それはまさしく悲劇というべきではないか。

しかし、幸運によってわたしは救われた。ボールはグリーンに向かってプレーするとかグリーン近くまで打っていくとかという野心を抱かせるほどではなかったにせよ、ともかく打てそうなところにあったのだ。わたしは慎重にボールを林の外に出し、パー4のところを残念な6であがり――そして、わずか1ストロークの差で予選通過を果たしたのだ。危いところだった。もしあそこを5であがれていたら、どれくらい楽だっただろう! 17番ホールでわたしはピッチ・ショットに失敗したが、その後30フィートものパットを入れて、予選通過のための1ストロークの貯金がやっとできたのである。

そういうわけで、結論的にいうならば、トラブルに陥った際に重要なことは、技術的な側面よりはむしろ正確な判断なのだと、わたしは確信する。

技術を要する局面は、むしろ対応は難しくはない。たいていのトラブルというのはボールがヘビー・ラフやバンカーに入った状態を指すが、長い草の中に入っているボールは、高く打ち出せるようにロフトのあるクラブを選んで、草がボールを包みこんでしまう前に脱出させてしまうしかないのだ。草が特別に深くないかぎりは、ボールは力いっぱい打つというより正確に当てるというぐらいのつもりでクラブを振ったほうがよいようだ。もちろん、時には渾身の力をこめて打つこともあるが、基本的にわたしは、上から振りおろすようなスウィングで、インパクトでクラブがボールの下に入るように打つことにしている。

グリーンまわりのものを除くと、バンカーの砂の中からボールを打ち出すショットについて説明するのは、かなり難しいことである。グリーンの近くのバンカーでは、ボールが足跡に入ってしまったとか、あのオークモントのバンカーのように毎朝、プレーの始まる前に熊手で砂につけるうねがあるような場合以外、わたしはめったに力を入れたブラスト・ショットや、エクスプロージョン・ショットはやらない。

ブラストするときは、わたしはごくふつうに立ってクラブ・フェースをいくぶん開く――つまり、いつもより余計に寝かせるのである。クラブはもちろんニブリックで、ショットの距離に応じてボールの後の砂の適当と思われるところに強く打ちこんでいく。ショットの距離と砂の性質しだいだが、ボールの後2インチぐらいの砂にクラブを打ちこむことが多い。その理由は、クラブ・フェースをボールに当てずに、砂の中からボールを外に出したいからである。ボールは文字どおり砂の爆発によってはじかれ、このショットが正確に行われた場合には、ボールにはスピンがかからず、ふわっと飛んで、ほとんど転がらずに止まってくれるものである。

ボールが砂の上にきれいにあるときには、コンクリートの上にあるボールを打つようにチップ・ショットをしてもいいと思う。が、その場合にはふたつのミスが生ずる危険がある――ボールの頭のほうを叩いてしまういわゆるトップと、砂を深くとりすぎてストロークの力を殺してしまうこととだ。

グリーンの近くのバンカーのいいライからわたしが好んで試みるショットは、ブラストでもクリーンなチップでもない。砂をわずかにとりはするがクラブ・フェースにボールが当たるという、ハーフ・スウィングである。

スタンスは、ふつうにとる。ボールは左足の爪先に置き、体はアップライトに構える。クラブはニブリック、シャフトいっぱいに長く持つ。スウィングはハーフ・スウィングの大きさでいつも同じにし、距離は力加減で調節する。わたしにとっては、クリーンにチップするよりもずっとコントロールしやすいように思えるのだが、ごくふつうのブラスト・ショットより危険が伴うことを知っておくべきである。というのも、スウィングの力加減と、クラブ・フェースが削りとる砂の量にすこしの狂いがあってもミスにつながるからだ。したがってわたしは、一般のゴルファー諸氏にこのショットを薦めようとは思わない。これには多くの経験が必要であり、わたしにはその秘訣を易しく説明する方法もわからないからである。結局、適当な力でスウィングし、適当な砂をとるしかない——それでうまくいくか、失敗するかなのだ。わたしはこのショットによっていい結果を出してきたから、好きになっただけのことである。

自分でもいつこのショットを覚えたのかはっきりしないのだが、練習はずいぶん重ねた。ホテルの部屋の中でさえ、練習したものだ。ある意味で、厚いカーペットの毛足は砂の感触とよく似ている。ボールをベッドから1ヤードほど離れたところに置き、それをベッドの上にピッチしようと試みた。シカゴのデル・プラド・ホテルに泊まっていたときには、わたしは部屋の中でコンペティションをやったりしたものである。一九二三年の全米アマチュア選手権の練習ラウンドの時、フロスムーアの9番ホールで、かなりたくさんついていたギャラリーに喝采を浴びたひとつのショットを、わたしは思い出す。

ボールはグリーンから2フィートほど低くなったポット・バンカーの、土手のすぐ下にあった。ホールはそのすぐ近くに切られていた。わたしは慣れ親しんでいたベッド・ショットを試みた。するとボールは磁石にすいつけられるようにするすると転がって、カップまで2インチのところに止まったのである。

とはいうものの、その1ストロークで勝負の決着がつくというようなとき以外、わたしはバンカーからカップ・インを狙ったりすることはない。デッドに寄せたいと思うだけである。直接カップ・インしたりすれば、ギャラリーはツイているという。読者諸氏だってそういうであろう。が、デッドに寄せれば妙技だということになるのである。

一九二六年のセント・アンズにおける全英オープン選手権の5番ホールで、お粗末なティー・ショットの失敗の後、右手のバンカーからボールをカップに寄せてパーの3を拾ったのも、この種類のショットだった。

さまざまなショットの中でも、チップ・ショットはストロークを縮めるために非常に重要なものであり、ゴルフにおける強力な武器として認識しておくべきだとわたしは思っている。

パーは、すべてのグリーンで2パット、ラウンドで36パットを許している。しかし、たとえ1ラウンドにもせよ、誰がグリーンにおいてそれほど確実にプレーできるだろう？　わたしが覚えているかぎり、目にしたこともない。どこかで、選手権ゴルフにおける平均パット数が32であると聞いたことがある。してみると、すくなくとも四つのグリーンで1パットであがっていることを意味しているわけだが、ほとんどの場合、その1パットというのは、大きいショットをミスし、正確なチップによってボールを寄せた結果なのだ。

チップ・ショットこそ、ゴルフにおいてもっともストロークを節約するものである。いまでもそうだが、わたしがまだアイアンで失敗ばかりしていたころ、このチップ・ショットの練習に励んだものだ。そうでなかったら、もっと多くのストロークを失っていたに違いない。現在でももちろん、しばしばわたしはチップ・ショットを必要としている。

チップに、わたしは特にクラブを決めてはいない。マッシー・アイアンからニブリックまでの何本ものクラブで、同じ種類のショットをする。当然のことに、ロフトには違いがあるのだから、キャリーとランをストロークによって変えるのではなく、適当なクラブを選ぶだけである。

多くの立派なプレーヤーたちがチップ・ショットに一本のクラブを好んで使い、ストロークによってキャリーとランを調節している。つまり、インパクトでフェースをかぶせてキャリーを短くランを大きくしたり、逆にフェースを開いてボールを乗せ、キャリーを大きくランを短くしたりするわけだ。

わたしはどんな場合でも、グリーンの一番近いエッジを狙ってチップする。グリーンが近くてピンがかなり遠いようなときは、マッシー・アイアンを使う。このロフトによって、ボールはすぐグリーンに落ち、後はなめらかな芝の上をランしていく。ボールがグリーンから遠くにあったり、ピンがグリーンの手前端近くにたっているような際は、もっとロフトのあるクラブを手にする。打ち方はまったくマッシー・アイアンと同じで、リストを返したりカット打ちしたりせず、ストレートにストロークするだけである。繰り返しいうが、グリーンのエッジに狙いを置いてチップすることがゴルフを楽にしてくれるのである。

グリーンの傍からでも、ボールからグリーンまでの芝生がきれいに揃っているときには、また別のショットをすることもある。わたしが生まれるずっと前に、ホイレークのジョン・モリスによってデザインされた古い、短いクリークで、パッティングと同じようにストロークするのである。シャフトがいくぶん軟らかく、長さはパターと同じなのだが、これで長いパットを打つようにするだけだ。が、ボールをカップに寄せたいときには、とてもうまくいく。

ともかくも、グリーンの近くからの小さなショットは、ゴルフのプレーの中でももっとも地味なものであると思うが、もしこれらのショットに熟達するなら、ストロークを縮める上ではもっとも役立ってくれるものなのである。

1929年　ペブルビーチでの一葉

第十七章

トーナメント・ゴルフ

ゴルフというゲームには二種類ある――つまり、ふつうの余暇のゴルフとトーナメント・ゴルフとがあると、このささやかな書物の初めに書いたが、最後にいたって、トーナメント・ゴルフのほうに力点を置きながら、そのふたつのゴルフの違いについて、自分の考えているところを述べてみたいと思う。というのも、それが果たして正《せい》鵠《こく》を射ているかどうかは別として、最近ゴルファーはもっぱら、トーナメントにおいてどういう成果を挙げたかによって評価されるようになってきているからである。

人は誰でも本当に偉大なるゴルファーになることはできるが、偉大なるトーナメント・ゴルファーになれるとは限らない――とわたしは思う。そして、偉大なるゴルファーでありながら正式の試合ではさしたる成績を示せないのは、勇敢さに欠けているためではないか、という一般的な見方は、間違いだとも思う。体格とスタミナ、性質と好み、そしてなによりもトーナメント・ゴルファーとして成功するかどうかを分けるのに非常に都合のよい要素――気質という、奇妙であまりよくわかっていないものが作用するからだ。

いずれにしても、余暇のゴルフとトーナメント・ゴルフとはまったく違う種類のゲームであると、はっきりいえる。それは、これまで長い間、偉大なるゴルファーではあるが決して偉大なるトーナメント・ゴルファーではないと見做されてきたわたし自身の経験に照らしていえることであり、したがって多少は説得力があるのではないかと思う。実際問題として、ナショナル・チャンピオンシップに十一試合も出場しながら、わずか一試合にも勝てなかった年月、次第に重く胸にのしかかってきた重圧下で、わたしはふたつのゴルフの違いについて勉強する、いい機会を得た。偉大なゴルファー――だが、チャンピオンシップには決して勝てない男。それが、世間が好意をこめてわたしに下した判決だった。

いまとなっては、わたしもチャンピオンシップの初めのころのプレーについて、それほど自信が抱けないわけではない。ともかく、わたしは稚くて考えが足りなかった。競技に対して怖れもなかったし、思いわずらうこともなかった。にもかかわらず、トーナメント・ゴルフはやはりぜんぜん種類の違うものだったのである。ことにそれがメジャー・トーナメントの場合だと、決して不愉快にではなく、何か自分が鼓舞されるような緊張感に襲われた。次第にわたしは、自分がナーバスになっているときほど、いいプレーができるらしいことに気づき始めた。今日でもそうである。マッチ・プレーであれ、メダル・プレーであれ、大事なラウンドを前にしてわたしにとって最悪な前兆といえば、自分がナーバスになれないでいるときなのである。試合の朝、スタート前にたとえわずかでも食事ができることなど、めったにない。

余談だが、わたしは何も食べないときのほうがいいプレーができる。これは、大人になってから変わったことのひとつである。子供のころには、ともかく食べることが好きだった。もちろん、いまでも食べることが嫌いなわけではないが、トーナメントの日は、第2ラウンドが終わるまで、何も食べないことにしている。かつては、試合当日でもいつもどおりにオートミール、ベーコン・エッグ、さらにケーキかワッフルを食べることもしばしばだったし、コーヒーまで飲んだものである。そしてラウンドとラウンドの間のランチョンでも、体力の消耗にかまけてパイ・ア・ラ・モードにまでいたる食事を、たっぷりと摂ったのだ。パイとアイスクリーム――それで、午後のプレーに臨もうとは！

もう、いまはそんな愚かなことはしていない。朝食には、食べられるときでもせいぜいベーコンの切れ端、小さい肉の一片、ブラック・コーヒー一杯だけである。ラウンド間のランチョンには、よく焼いたトースト一枚と紅茶一杯でいい。

ただのゴルフとトーナメント・ゴルフの間には、また別の違いもある。エキシビションの試合のときには、ラウンドの間でわたしは食べたいものを食べ――飲みたいものを飲んだり――もするが、それでプレーに特別、悪い影響は出ないように思う。実際、いつかマックス・マーストンと組んでふたりのプロ選手を相手にプレーしたとき、試合の主催者が昼食のためにわたしたちを自宅に招いてくれ、わたしは――午前中のラウンドで大激戦を展開してオール・スクェアで午後のラウンドに向かうというのに――おいしいカクテルを五、六杯も飲んでしまった。口当たりのよさの裏に、そいつは猛烈なキックを秘めていた。おかげで、午後のラウンドのためにふたたびクラブにもどったときには、車から降りるのにも気をつけなければならず、ボールをティー・アップするにも体のバランスをとるのに注意しなければならないほどだった。

当然のことながら、こういう振る舞いは、ふつうなら事態を破滅に導くものであろう。が、トーナメント・ゴルフの緊張が伴わない場合には、ゴルフもずいぶん酔狂なものだ。午後のラウンドでわたしは破滅するどころか、アウト、インの両方とも初めの3ホールを3であがり、66でラウンドしてわたしたちのペアは6アンド5で勝ってしまったのである。

一方、トーナメント・ゴルフにおいては、こういうことは決して起こり得ない。試合の前夜、わたしは自分の部屋でまずアペリチフとして熱くした強いハイボールを一杯、それからふつうのハイボールを一杯飲み、たっぷりした夕食を摂る。これが、自分をリラックスさせるいい組み合わせだと思っているからだ。その後、タバコを数本喫いながら誰かと軽い会話をし、九時ごろにはもう床につく。そして、チャンピオンシップ・トーナメントの奇妙な興奮に憑かれているにもかかわらず、たいていぐっすり眠る。

正式なトーナメントではないが、わたしがこれまでプレーした最高のラウンドのいくつかは、フットボールのコーチが聞いたらグラウンドに卒倒してしまうくらいの、たっぷりした量の食事をした後で果たしたものだった。つまりこれが、わたしの得た小さな格言によれば、ゴルフとトーナメント・ゴルフの差違というものなのである。トーナメント・ゴルフがただのゴルフと違うところは、精神の緊張にあるはずである。数年前、自分にとって大事なトーナメントに備えるいちばんいい方法は、スタートする二十四時間前からできるだけ心身を休ませることだと気づいた。まだ若かったころは、試合が始まるその日の直前まで、プレーをしたかったものである。トーナメントの前日、36ホールをプレーしたこともしばしばあったくらいなのだ。が、今日では、トーナメントの前三、四日は軽く練習し、前日はまるまる休息をとることにしている。たいていはベッドの中で本を読む。フロスムーアにおける一九二三年度の全米アマチュア選手権の前日は、ベッドで愛読書のパピニ『キリストの生涯』を読んで、一日を過ごしたことを覚えている。できることなら、試合の前日にはクラブに手も触れない。その前の二日に18ホールをプレーすれば十分である。

こういう自分なりの方法がうまくいった結果、わたしはチャンピオン・シップの重圧というのがもっぱら心理的な側面にあると結論するにいたった。確かに、肉体上の緊張だけによるのだとすれば、多くのトーナメントで経験したようなああいう極度の消耗はしないはずである。一九一九年のオークモントでは、一日36ホールずつ六日つづけてプレーし、わたしは18ポンド痩せた。一九二五年度のウォーセスターにおける全米オープン選手権とプレー・オフでは、三日間で20ポンド痩せた。が、わたしはその試合のときに太りすぎていたわけでもない。おそらく、トーナメントで戦うことが惹き起こすストレス、精神の緊張が肉体に影響をおよぼすのである。トーナメント・ゴルフで、わたしは驚くほど消耗する。試合前の写真と試合後の写真では、ときとしてそのあまりの違いにショックを受けるほどである。

さて、こうして自分の半生について書いているいま――一九二六年までのゴルフを含んでいるが――これまでのトーナメントを含むプレーの体験の中には、いいゴルファーと、いいトーナメント・ゴルファーとの違いについて説き明かす鍵があるのではないかと思う。一九一六年から一九二二年までの七年間に、わたしは十一回のナショナル・チャンピオンシップに出場して、一度も勝てなかった。しかし、一九二三年から一九二六年までの四年間には、ナショナル・チャンピオンシップに十回出場して五度勝ち、二位に三度なっているのである。

この間に、ある奇抜な記者がわたしの〝悲惨な七年〟と呼んでいた状態に何らかの変化が生じていたのかもしれない。そしてわたしはひとつの絶頂期にさしかかっていたのだろうとも思う――特にどこが絶頂ともわからずに。

自分でもはっきり認めることができるが、トーナメントにおけるわたしの姿勢には、確かに変化が現れてきていた。ショット・メーキングがよくなったわけではない。多少は精度が高まっていたのかもしれないが、〝悲惨な七年〟の間にも、いまと同じようにいいショットはしていたのだ。思い出してみても、あの間に自分が勝てなかったどのトーナメントでも、決してそれほど悪いプレーをしていたとは思えない。とりわけアマチュア選手権についていうなら、相手がさしていいゴルフをしないのに負けてしまったことは、一度たりともない。その結果、自分が偉大なるゴルファーではあるが、メジャー・チャンピオンシップには勝てないタイプなのだという世間の噂を読むにつけ、耳にするにつけ、自分は何かに呪われているのか——と考えるのも愚かなことだったが——とか、自分にはトーナメント・ゴルフに対する資質に欠けているのかとか、あるいはその両方ではないかとか……わたしは世間が自分についてそういっていることよりも、自分が思いわずらっている事実に惨めな思いさえしていたのである。

きっと、わたしのトーナメントにおけるプレー振りには何か変化が起こっていたに違いないと思う。が、それがいつ、どういうふうに変わったのかを、はっきりいうことはできない。確かな点は、一九二三年のインウッドで行われた全米オープンへ赴くとき、わたしは決して自信にみちた気分だったわけではないということだった。といって、特別に自信に欠けていたとも思えない。それまでわたしは、自分が負けることを予期するほど負けつづけていたのである。そして、試合が始まってみると、調子は上々とはいえずプレーはひどかったのだ。

にもかかわらず、ボビー・クルックシャンクとタイになった上で、そのチャンピオンシップにわたしは勝ってしまったのである。わたしのプレー振りが変わりだしたのは、おそらくこのトーナメントの最中だったのだろう。ジョック・ハッティソンが第1ラウンドと第2ラウンドをリードしながら、第3ラウンドの途中で大崩れしていくのをわたしは目にした。そしてまた、自分が大失敗をした最終ラウンドで、ボビー・クルックシャンクが驚異的なペースで驀進《ばくしん》して——実際彼は6番ホールからの7ホールを23ストロークで通過してきたのだ——14番まできながら、やはり失敗を犯し、それでも72ホール目で素晴らしいバーディの3であがってわたしに並んだところも、つぶさに見たのである。幸いその彼をプレー・オフで破ることができた。

その結果、他のプレーヤーたちもみな自分と同じような苦境に陥るものであることを、やっと理解し始めたのだと思う。さらに、メジャーのトーナメント・シップに勝つためには、必ずしも4ラウンドを完璧にプレーしなければならないわけでもなく——いや、1ラウンドすら完璧にプレーする必要もなく、4ラウンドを大過なく進められればいいのだということも、わかりだしたのである。トーナメントにおける極度の緊張というものも、決して自分ひとりに襲ってくるわけではなく、等しくすべてのプレーヤーにのしかかるものだと納得できたし、ひとつのミスで失ったストロークは慌てて取りもどさなくてはならないものではないこと、そしてそれで自分が破滅にいたるものでもないらしいこと、自分と同じように他のプレーヤーもまたミスを犯すものであることが呑みこめてきたのだ。

さて、とはいうものの、仮に精神的な変化が生じていたのだとしても、フロスムーアにおける全米アマチュア選手権の第二回戦でマックス・マーストンに完敗したころには、まだ十分に変わりきっていなかった。が、一九二三年のインウッドと一九二四年のメリオンまでの間に、この変化が始まりだしていたことは間違いない。おそらく、フロスムーアで芽生えたのではなかったろうか。

この第二回戦で、わたしはとても厳しい教訓を受けながら、惨敗を喫した。予選ラウンドではわたしはいいゴルフをし、チック・エバンスとメダル・スコアで首位タイになったのだが、彼もまたマッチ・プレーの本選に入ると早々に敗れてしまったために、その翌日、わたしたちはメダル・プレーのプレー・オフを行った。5番ホールでチックは素晴らしいプレーをして、わたしとのストローク差は二打に広がってしまった。

ところで、前日、マックス・マーストンが午後のラウンドでわたしを2ダウンに追いこんだとき、わたしはこのホールをすぐに……すぐにも取り返さなければいけないと思ったのを思い出した。しかし、どれだけ焦っても、結局その2ホールの差はつまらなかったのである。

このチックとのメダル・プレーのプレー・オフでは、2ストロークも遅れをとったのにわたしの気持ちは平静だった。何となくではあるが、負けているストローク差を取りもどそうという焦りをまったく感じなかったのだ。意識の奥のほうで〝忍耐〟しろと囁かれているような気がしていたのである。忍耐！　後になってどこかで聞いたか読んだかしたものだが、ハリー・バードンの最大の美点は、たとえどんな事態に追いこまれた場合でも、自分はただ〝ボールを打つ〟だけだという気持ちに揺るぎのない冷静さにあったという。が、フロスムーアの時、わたしはまだバードンの美点について知らなかったし、心の中で彼と同じようにプレーしようと思ったのだともいえない。むろん、わたしにはそんなつもりはなかった。ただ本能的にとでもいったらいいのか、ともかく〝ボールを打つ〟ことにだけ精神を集中し、開いているストローク差をすぐに取り返そうなどとはまったく考えていなかったのだ。その結果はどうだろう、うれしいことに――本当にうれしくも思いがけなく、そのストローク差はとりたてて特別なこともなしに、ごく自然にそれ以上のストロークとなって返ってきたのである。

そういうわけで、おそらく回答はざっとこういうことになるのだろうと思う――つまり、頑固で、消極的で、まるでロマンチックとはいえない〝忍耐〟というものこそが、問題の鍵なのだ、と。ゴルフというゲームは、同時に1ストローク以上のプレーができない――とは新しくも独創的でもない言葉だが、しかし、それを身をもって知るようになるまでには、じつに長い年月がかかった。しかも、今日でもともすればつい忘れてしまいかねない。が、トーナメント・ゴルフにおいては、忘れてはならないことなのである。

メジャーのチャンピオンシップで、たいていわたしは追いこみ型だった。最終ラウンドを迎えて、気持ちも楽なぐらいのリードをしていた、大事なメダル・プレーの試合といえば、唯一、自分のホーム・コースであるイースト・レイクで行われた一九二七年の南部オープンだけである。そのときは、二位以下に8ストロークもの大差があったが、わたしが勝った、メジャーのチャンピオンシップでは、ほとんど追いかけていく展開だった。インウッドの全米オープンのとき、最終ラウンドでわたしは自分がずいぶんリードしていると思っていた……が、だからといって、楽にプレーできたわけでもなかった。この事実が、たぶん何らかの教訓を示してくれるのではないかと、自分では思っている。

すなわち、後から追いかけていくときには、前を走っているプレーヤーに対し、よけいな精神的な重荷を感じないですむのだ。きっと彼もいつかトラブルに見舞われるだろうからである。ともかく、一九二六年の全英オープンと全米オープンでは、最後の数ホールにきたときにもまだ首位に遅れていたのだが、もしわたしを最後まで踏んばらせてくれたものが何かあったとするなら、それは勇気ではなく、忍耐だった。そして、ただ〝ボールを打つ〟ことにだけ集中していたからできたと思うのだ。全米オープンのサイオトでは、まったくのところ、ストローク差を数えても意味がないくらいの大差をつけられていた。あのおそろしいほどの最終ラウンド、7番ホールのティーに立ったとき、仮に誰かがやってきて「残り12ホールを4ストローク平均よりふたつ縮めたら、勝てるんじゃないか」と声をかけられたとしたら、わたしは絶対にそんなことができなかっただろうと、断言してもいい。しかし、にもかかわらず、勝つためになすべきことがまったくそのとおりに起きてしまったのである。12ホールを、1ホールずつ丁寧に、ひとつのショットに集中してプレーしていたら、思いもかけない結果が生まれたのだ。

忍耐――これが、おそらく答えであろう。わたしはいま忍耐力を持っているかもしれないが、今後もそれをどんどん強くしていかなくてはならないと思う。なぜなら、もともとわたしには忍耐力が欠けていて、何年もの間、それを自分の中に叩きこむ必要があったという事実は、わたしの生来的な知性の悲しむべき特性だからである。

振り返ってみると、まだ痩せた少年だったころ、あのイースト・レイクで初めて80でラウンドし、ペリー・アデアにサインをしてもらって父のところへ走って見せに行ったときから、長い道を歩いてきたものである。その80のラウンドこそは、わたしがあのオールドマン・パーに対して挑んだ最初のゲームだったと思う。そのとき、自分の本当の競うべき相手はオールドマン・パーなのだ——と、漠然とながら感じていたのではなかったか。

結局のところ、マッチ・プレーであれメダル・プレーであれ、戦うのはオールドマン・パーとプレーヤー自身のふたりだけである。そしてオールドマン・パーは、バーディをとることもなければ大叩きもしない、耐える魂そのものなのだ。そういうわけで、もし諸氏がオールドマン・パーと長い旅をともにしようと思うなら、自分もまた忍耐しなければいけない。

これは、重要な忠言だと思う。そしてわたし自身、この忠言に従えればいいがと願っている。

トーナメント・ゴルフ！　これは、ふつうのゴルフとは、さまざまな意味で、大きな差がある。とりわけ、チャンピオンシップの檻にでも入ることになった場合には、事情は一変してしまうのだ。どこかで読んだ文章の一部の見出しだったが、「チャンピオンシップの檻」という言葉がある。まさに、そのとおりだ。誰しも初めは、そこに入りたいと願う。そしていったん中に入れれば、そこから出たくないと思う。が、誰ひとりとしてそこに留まりつづけられるわけではない。そして外へ出されてみると、またその中へもどろうと懸命になるのである。じつにばかげたことではないか？　ゴルフ——ふつうのゴルフ——はあれほどにも愉しいのに。

もちろん、チャンピオンシップのゴルフには、それだけの慰めがあるのも確かである。一九二六年、わたしが全英オープンの優勝カップを持ち帰ったときのニューヨーク港の光景——故郷の連中が船の中まで迎えにきてくれ、ニューヨークの人びとが歓声を送ってくれて、バンドが『ヴァレンシア』を演奏してくれたあの光景……。

わたしは、おそろしいほどの幸運に恵まれていた。おそらくこれからも、また別のチャンピオンシップに勝てるかもしれない。結局、わたしは——勝つにせよ負けるにせよ——チャンピオンシップの試合が好きなのだ。そして、ときどき考えてみるのである——いつか自分がトーナメントに出場する時代が終わり——かつて自分が愛しかつ戦った数々のコースのひとつで——みんながナショナル・オープンやアマチュア選手権に集まっていることを新聞で読んだとしたら……ちょっと不思議な気持ちになるのではないだろうか。

しかし、ひとつだけはっきり見透せることがある——それは、どこかでチャンピオンシップが行われている日曜日の朝、わたしは懐かしいイースト・レイクで、父と、チックと、ブラッドとで何の精神的圧迫も受けずにラウンドしているだろうということである。

年譜／ボビー・ジョーンズの主な戦績

一九〇二年
●三月十七日、ジョージア州アトランタに生まれる。

一九一一年（9歳）
●アトランタ・アスレチック・クラブのジュニア選手権に優勝。

一九一五年（13歳）
●イースト・レイクのクラブ・チャンピオンとなる。

一九一六年（14歳）
●ジョージア州アマチュア選手権（アトランタ・ブルックヘブン）に優勝。
●全米アマチュア選手権（メリオン）に初出場し、予選でメダリストとなるも、決勝第三回戦でロバート・A・ガードナーに敗れる。

一九一七年（15歳）
●南部アマチュア選手権で優勝。

一九一九年（17歳）
●全米アマチュア選手権（オークモントCC）で二位。

一九二〇年（18歳）
●全米オープン（インバネスC）に初参加し、八位タイ。
●南部アマチュア選手権に優勝。
●全米アマチュア選手権（エンジニアーズC）で、準決勝でフランシス・ウィメットに敗退。
●南部オープン、二位。

一九二一年（19歳）
●全英アマチュア選手権（ホイレーク）に参加し、第四回戦で敗れる。

●全英オープン（セント・アンドリュース）に出場、第3ラウンドの11ホールで棄権。
●全米オープン（コロンビア）で五位タイ。
●ウォーカー・カップ（米英対抗戦）でシングルスとフォアサムに優勝。
●全米アマチュア選手権（セントルイス）、準々決勝でウィリー・ハンターに敗れる。

一九二二年（20歳）

●全米オープン（スコーキー）で二位タイ。
●南部アマチュア選手権で優勝。
●ウォーカー・カップでシングルス、フォアサムともに優勝。
●全米アマチュア選手権（ブルックライン）準決勝でジェス・スウィーツァーに敗れる。

一九二三年（21歳）

●全米オープン（インウッド）でボビー・クルックシャンクとプレーオフの末、優勝する。
●全米アマチュア選手権（フロスムーア）第二回戦で敗退。

一九二四年（22歳）

●全米オープン（オークランド）で、二位。
●全米アマチュア選手権（メリオン）に初優勝。

一九二五年（23歳）

●全米オープン（ウォーセスター）、ウィリー・マクファーレンとプレー・オフの末、二位。

●全米アマチュア選手権（オークモント）で優勝。

一九二六年（24歳）

●全英アマチュア選手権（ミュアフィールド）第六回戦で敗退。

●全英オープン（セント・アンズ）で優勝。

●全米オープン（コロンバス）優勝。

●全米アマチュア選手権（バルタスロール）、決勝で敗れる。

一九二七年（25歳）

●南部オープン優勝。

●アトランタ・オープン、優勝。

●全米オープン（オークモント）、十一位タイ。

●全英オープン（セント・アンドリュース）に優勝。

●全米アマチュア選手権（ミネアポリス）に優勝。

（この年、『ダウン・ザ・フェアウェイ』が出版された）

一九二八年（26歳）

●全米オープン（オリンピア・フィールド）で二位。

●全米アマチュア選手権（ブレー・バーン）で優勝。

一九二九年（27歳）

●全米オープン（ウィングド・フット）で優勝。

一九三〇年（28歳）

●全米アマチュア選手権（ペブルビーチ）決勝第一回戦で敗れる。
●全英アマチュア選手権（セント・アンドリュース）に優勝。
●全英オープン（ホイレーク）に優勝。
●全米オープン（インターラーケン）で優勝。
●全米アマチュア選手権（メリオン）で優勝。年間グランド・スラムを達成する。
●引退を表明。

一九三一年（29歳）

●ジョージア州オーガスタに、アリスター・マッケンジーの協力を得てオーガスタ・ナショナルGCをつくり始める。

一九三四年（32歳）

●かつて共にプレーした名手たちをオーガスタ・ナショナルに招待し、プライベート・コンペティションを開催。これがマスターズ・トーナメントの第一回に数えられる。

一九七一年（69歳）

●十二月十八日、アトランタの自宅にて死去。

訳者あとがき

本書『ダウン・ザ・フェアウェイ』は一九二七年、ボビー・ジョーンズが二十五歳のときに出版されたものである。そのとき彼は、全米アマチュア選手権と全米オープンを各二度、全英オープンを一度、すでに勝っていた。ごく少数の例外を除けば、ゴルファーが生涯かかっても達成することが至難の偉業だといえるだろう。

しかし、ボビー・ジョーンズの本当の凄さは、むしろ本書を書いた後にある。年表の示すとおり、一九二八年は全米アマ、一九二九年は全米オープン、そして一九三〇年には全英アマを皮きりに、全英オープン、全米オープン、全米アマを勝ってグランドスラムを果たすのである。四大メジャー・チャンピオンシップに八度出場し、そのうち六度まで勝っているのだ。むろんこれは空前のことであり、おそらく絶後であろうといっていい。

ひょっとして、読者の中には、当時のゴルフ界のレベルが低く、層も薄かったからだろう――と思う人がいるかもしれない。確かに今日に較べればレベルはまだ相対的に低く、層も薄かったであろう。が、ジョーンズと同時代にはウォルター・ヘーゲンがいて、ジーン・サラゼンがいて、トミー・アーマーがいて、アマチュア界にもフランシス・ウィメットをはじめ強豪が犇《ひしめ》いてはいたのである。あまりに卓越したボビー・ジョーンズの存在によって、メジャー・チャンピオンシップの勝者の歴史に名を刻みそこねた名手も多いのだ。

それに、いまと違ってクラブも悪くボールも飛ばなかった時代に、彼がマークしたスコアを見れば、いかにボビー・ジョーンズというゴルファーの技倆が比類なかったかが納得させられる。たとえば一九二六年、本篇中にも触れられているが全英オープンの予選で彼は、サニングデールの難コースで66でラウンドしているし、一九二八年のウォーカー・カップの前後には、12ラウンドを69―71―69―68―68―68―67―68―67―70―69―67という瞠目すべき数字を記録しているのである。

ゴルフ史上にはトム・モリス親子とか、ハリー・バードンとか、いく人も名手たちの名が残っているが、ボビー・ジョーンズは現代ゴルフの入口に聳えたった――そしていまプレーしても依然、ゴルフ界の頂点にあったであろうと思える巨人なのである。

周知のことだが、世界でもっとも伝統を誇るトーナメントは、全英オープンである。一八六〇年以来の歴史を誇る。世界でもっとも難しいのは、全米オープンであるといわれる。参加するゴルファーの数からいっても、コース・セッティングの厳しさからしても、このトーナメントの勝者こそ真のチャンピオンと称するべきであろう。が、マスターズ・トーナメントは、伝統の上でも難度の点でもはるかに及ばないにもかかわらず、この前二者に劣らぬ人気と、価値と、意味をもっているかに見える。

なぜか？

マスターズは、文字どおり名手たちが技を競うゴルフの祭典である——という。が、ここに出場する選手は、ほとんど他の大きなトーナメントにも姿を現す、いわば常連ばかりである。マスターズだけが世界の名手を招集できるわけではない。してみると、マスターズがマスターズとして意味と価値をもつのは、別のところに理由があるはずである。そう、ボビー・ジョーンズがつくったオーガスタ・ナショナルGCで、それが開催されるからなのだ。マスターズの主役は、オーガスタ・ナショナルで技を競う選手たち——というわけではない。偉大なるゴルファー、ボビー・ジョーンズの記憶なのである。

英米人——とりわけアメリカ人にとって、ボビー・ジョーンズという人物がどれほどの存在であったかは、わたしたち日本人にはとうていわからない。が、次のような事実を知れば、おぼろげながら察せられるような気もする。

過去、ニューヨークのブロードウェイをパレードして迎えられたアメリカのヒーローが、五人いる。第一次大戦後、ヨーロッパ戦線の英雄パーシング将軍が帰国したとき。大西洋を単独横断したリンドバーグ。第二次大戦の英雄アイゼンハワー将軍の凱旋。宇宙飛行士のジョン・グレン。そして、ボビー・ジョーンズ。しかし、このうち──一九二六年と一九三〇年と──二度にわたってパレードしたのは彼ひとりだけなのだ。まぎれもないスーパー・ヒーローだったといえるのではないか。

このパレードで彼が迎えられたのは、全英オープンを勝ったからである──が、それだけが理由なら、彼より前にウォルター・ヘーゲンがすでに二度、全英オープンで優勝している。ヘーゲンが勝ってもパレードが計画されず、ボビー・ジョーンズの勝利には二度までもパレードが組織されたのは、なぜなのだろう？　この辺りにも、ボビー・ジョーンズというゴルファーに対してアメリカ人が抱いていたイメージが、一種畏敬のこもったものであったらしいことが見てとれよう。

グランド・スラムを達成した後、十一月十八日、ボビー・ジョーンズはUSGAへ感傷のまじらない淡々とした手紙を送り、競技生活から引退することを告げた。USGAがこのニュースを報道機関に伝えると、各社はいっせいに大事件として報じたが、とりわけ『ニューヨーク・タイムズ』紙は第一面に大見出しをかかげ、記事の最後をシェークスピア流の無韻律の詩文で「威厳もて、他の何者もなしえざりし不朽の舞台より彼は退場せり」と結んだ。それ以前も、それ以後も『ニューヨーク・タイムズ』が第一面でスポーツ選手の引退を報じたことはない。

ボビー・ジョーンズが、ゴルフの才能に恵まれていたことは疑うべくもない。十四歳で全米アマに出場し、第三回戦準々決勝で敗れたとはいえ、予選ラウンドでメダリストになったことを考えれば、力のほどはおよそ見当がつく。

しかし、彼が競技生活を通じてゴルフ三昧の生活を送っていたのかといえば、ちょっと違うようなのである。本篇にもあるように、彼はジョージア工科大学からハーバード大学へ進んだが、勉学に熱心であったことはかつての同級生たちの証言にある。ハーバードで英文学およびヨーロッパ史を学んだ後、エモリー大学のロー・スクールに進んだが、卒業する前に司法試験を通って弁護士の資格を取得してしまったのだから、ゴルフに明け暮れていたわけがない。そして、弁護士は生涯の仕事となる。

ついでながら、彼はフランス語、ドイツ語にも堪能で、F・S・フィッツジェラルドが盛んにもてはやされた一九二〇年代にも、メルヴィルやコンラッド、ヘンリー・ジェームズなどを好んで読んで、フィッツジェラルドには目もくれなかったという。趣味は、ウィスキーを啜りながら聴くクラシック音楽だった。

もとより、こういう〝教養人〟であったことが偉大なるゴルファーをつくった理由のわけではない。が、同時に一方、ボビー・ジョーンズがそういう人間であったからこそ、アメリカ人は彼を畏敬したともいえるのである。その意味でボビー・ジョーンズは、アメリカ人にとって〝あり得べき理想に近いアメリカ人〟であった。

最後に。本書の翻訳は、かねがねボビー・ジョーンズに心酔していたゴルファーのひとりとして、望外の栄誉である。本版によって、彼のゴルフの精神に触れられんことを……。

一九八九年四月

菊谷匡祐

※本書の初訳は近藤経一氏（1933年目黒書店）。一時絶版となり、菊谷匡祐氏訳は89年（小池書院より豪華限定本、のち96年普及版）。本書は2011年12月、小社より刊行されたものに写真を加えた新装版です。

ボビー・ジョーンズ *- Robert Tyre Jones,Jr. -*

1902年、米国ジョージア州アトランタ生まれ。9歳でジュニア競技にデビュー。1923年、21歳で全米オープン優勝後、メジャー競技に13勝。1930年、年間グランドスラムを達成後、28歳の若さで引退。翌年、A・マッケンジーとオーガスタ・ナショナルGCの造成に着手。34年、マスターズ・トーナメントの第1回大会となる招待競技を開催。球聖として世界中のゴルファーから尊敬されている。

菊谷　匡祐 *- Kyosuke Kikuya-*

1935年、神奈川県生まれ。早稲田大大学院修了。フリージャーナリスト、翻訳家、作家。在学中から開高健と親交を結び、関連の著作も多い。翻訳では『アメリカン・タイム』などボブ・グリーンの作品をはじめ多数。本書は1989年初訳、2011年の改装版の校閲を最後の仕事として2010年1月19日逝去。

Choice選書
ダウン・ザ・フェアウェイ

2021年11月1日　初版発行

著　　者　ボビー・ジョーンズ／O・B・キーラー
訳　　者　菊谷　匡祐
発 行 者　木村　玄一
発 行 所　ゴルフダイジェスト社
〒105-8670　東京都港区新橋6-18-5
電話03-3432-4411（代表）　03-3431-3060（販売）
e-mail gbook@golf-digest.co.jp
URL　http://www.golfdigest.co.jp/digest
組　　版　スタジオパトリ
印刷・製本　大日本印刷

定価はカバーに表記してあります。乱丁、落丁の本がございましたら、
小社販売部までお送りください。送料小社負担でお取り替えいたします。

ISBN978-4-7728-4195-5 C2075